日本强制性保险制度研究

李晓林　余晨辉　主编

中国财经出版传媒集团
中国财政经济出版社

图书在版编目（CIP）数据

日本强制性保险制度研究/李晓林，余晨辉主编．—北京：中国财政经济出版社，2017.10

ISBN 978－7－5095－7747－9

Ⅰ.①日…　Ⅱ.①李…②余…　Ⅲ.①保险制度－研究－日本　Ⅳ.①F843.130

中国版本图书馆 CIP 数据核字（2017）第231196号

责任编辑：付克华　　　　责任校对：李　丽
封面设计：北京兰卡绘世

中国财政经济出版社出版

URL：http：//www.cfeph.cn

E－mail：cfeph@cfeph.cn

社址：北京市海淀区阜成路甲28号　邮政编码：100142

营销中心电话：88190406　北京财经书店电话：64033436　84041336

北京富生印刷厂印刷　各地新华书店经销

787×1092毫米　16开　13印张　188 000字

2018年2月第1版　2018年2月北京第1次印刷

定价：68.00元

ISBN 978－7－5095－7747－9

（图书出现印装问题，本社负责调换）

本社质量投诉电话：010－88190744

本书编委会

序

强制性保险，是指根据国家颁布的有关法律和法规，在规定范围内的主体必须投保的保险。其具体险种较为广泛，包括机动车交通事故责任强制保险（交强险）、强制性环境责任保险、强制性食品安全责任保险、强制性医疗责任保险、强制性消防责任保险，以及强制性职业年金制度等等。强制性保险制度不仅是破解政府埋单困局的办法，而且也是社会文明的重要标志，强制性保险问题为多数国家所重视。现有的商业保险从强制程度来看，有依法律法规强制开展的保险，有自愿购买的保险，还有政策鼓励和优惠的保险。一个险种是否应强制和怎样强制等问题，是各国专家学者和相关利益方讨论的关键问题。

事实上，保险是个人安定和社会稳定的重要屏障，其保障作用不可或缺。从这个意义上来说，保险业是不同于一般的商业业态，这个特殊性就体现在它实际上是一个介乎于市场、社会和政府之间的这样一个业态，兼市场的盈利性、社会的公益性和政府的责任性于一身。要实现保险业对于经济转型、民生保证和政府职能的重大作用，实现优化资源配置的作用，强制性保险就是一个重要工具。在发达国家，保险业发展相对成熟，强制性保险也受到高度重视。

日本的强制性保险制度体系相对完整，运行相对成熟，同时也在不断优化。以日本的交强险制度为例，日本《机动车损害赔偿保障法》于1955年10月颁布法案实施令，12月颁布法案实施细则，12月1日各保险公司开始销售；在之后的60多年中，做了近30次修改，包括赔付率上升触发的保费上调、保险金额修改触发的费率修改、经营费上升触发的费率修改、政府再保险制度废除、累计结余期满触发的费率修改，等等。因为是强制性保险，其保险责任和费率体系必须受到监控和动态调整。

我国的交强险起步于2007年，强制性保险制度体系尚处于探索阶段。由于强制性保险制度的具体内容涉及方方面面的问题，我们更需要深入研究国际上相关制度的发展现状和历史沿革，在国际经验教训中深入认识和全面总结强制性保险的相关规律，推动我国强制性保险健康发展。

《日本强制性保险制度研究》是一个有意义的尝试，希望该著作的出版，能够有助于读者对日本相关保险制度进一步的了解，有助于推进我国强制性保险制度的建设进程。

北京保险研究院

2018年1月

目　　录

第一章
日本产险发展史

一、日本近代保险业的产生

（一）日本海上保险公司的出现

1868 年，日本通过明治维新“脱亚入欧”，开始走上资本主义道路，国力日渐强盛。当时的日本正交叉进行两次工业革命，1888 年日本产业革命出现高潮，因此，急需对外的商品输出和资本输出。但是作为一个岛国，日本国内本身就资源匮乏、市场狭小，加之国内封建残余势力的猖獗以及社会转型期各种矛盾的尖锐，因此，以天皇为首的日本统治集团急于向海外寻求出路，很多新兴产业应运而生。

其中之一就是当时高速增长的对外贸易不可缺少的海上保险业。1879 年 8 月 1 日，日本首家保险公司东京海上保险公司成立。成立之初，该公司只办理海上保险业务。截至 1879 年年末，已经在釜山浦、上海、香港等 18 个城市设置了海外代理店。1884 年 2 月开始承保船舶保险业务。

其后，日本海陆保险（1893 年）、大阪保险（1893 年，系目前的三井住友海上火灾保险公司前身）、帝国海上（1893 年）以及稍晚一些的日本海上

（1896 年）保险公司相继开业。保险公司为扩大业务规模，陆续开展了海外业务。

最初，开展海外业务的保险公司都迎来了业绩开门红，但是不久就发生了重大损失。1900 年要求充实保险准备金的保险业法开始实施。一些尽早对海外业务进行整合并致力于经营改革的保险公司存活了下来，而一些应对迟缓的保险公司则被清算。

（二）车险诞生以及火灾保险公司的出现

19 世纪末到 20 世纪初，随着日本国内经济的蓬勃发展，社会资产不断增加。在此背景下，产险公司开始进入属于“非水险”范畴的机动车保险、货物运输保险、财产保险领域。

1914 年 2 月，日本产险业出现了首批获准开展车险业务的产险公司。当时的日本，处于全国仅有大约 1，000 台机动车的时代。而当年开发车险产品的主要目的，也仅仅局限于“自己拥有的高价财产”能够得到赔偿的初始阶段。而现在的车险产品，则是将重点放在万一发生事故时，对对方人员以及财产等的赔偿上。从这个意义上来讲，当时的车险产品与现在的车险产品，多少有些不同。

同时，产险公司也纷纷涉足以工厂、仓库等建筑物为主要对象的财产保险领域。最早成立的财产保险公司是 1888 年设立的东京火灾保险公司（系目前的日本财产兴亚火灾保险公司前身）。财产保险与海上保险不同，不仅要面向企业客户，而且还要面向一般大众，因此，多家产险公司纷纷进入该领域。在追随的险企当中，主要有日本火灾、千代田火灾等公司。

（三）第一次世界大战以及关东大地震对日本保险业的影响

1914 年，第一次世界大战爆发。日本的海上保险公司对承保战争风险感到有些困难，原因是虽然战争爆发带动了船价高涨，保费收入相应增加，但是保险公司不具备承保过剩的战争风险的资本。面对这种状况，日本政府为了海上保险公司能够承保战争风险，制定了《战时海上保险赔偿法》。最终日本的海上保险公司不但承保了战时的海上保险，而且由于第一次世界大战的主战场在欧洲，保险事故很少发生，海上保险的业绩良好。最终，第一次世界大战给日本的海上保险业带来了前所未有的丰厚利润。

但好景不长，1923 年 9 月 1 日发生的关东大地震，给日本造成了大约 162, 500 亿日元的财产损失，其中包括投保了财产保险的建筑物。由于财产保险条款中明确记载地震造成的火灾不属于保险责任，引起了对保险赔偿寄予厚望的投保人的强烈不满，进而引发了一系列社会问题。

从当时的受损情况来看，虽说地震是主要原因，但是也有很多房屋是由于地震造成火花四溅等原因焚毁的，保险条款的严密解释究竟适用到何种程度被视为问题的关键所在，即当时所谓的“地震火灾引发的保险金赔付问题”。

从保险公司经营的角度来讲，这不单单是条款解释的问题，而是关乎保险公司存续的大问题。原因在于地震火灾造成的损失推定金额明显超过了所有财产保险公司的总资产合计额。换而言之，由于地震火灾造成的损失如果赔付保险金，几乎所有的财产保险公司都会陷入破产的境地。这样严酷的局面，也势必造成了政治上的混乱。

最终商议的结果是政府向产险公司提供长达 50 年的长期低息贷款，作为交换条件，保险公司原则上将财产保险金额的一成以震火灾慰问金的形式支付给被保险人。外国财产保险公司可以不遵守此项规定，但要向客户退还保费。超越了条款解释的此项决定，终于平息了沸沸扬扬的社会舆论。这次危机最终依靠政府力量才得以化解，这也促使产险业从社会的角度重新审视行业的社会责任。

二、战后日本产险业迅猛发展

（一）产险费率厘定机构的成立

战后日本产险业所处的环境依旧严峻，通货紧缩造成的修理费用高涨，以及出现了一批为获取保单不顾风险的保险公司等，使得财产险的收益不断恶化。

再加上相继发生的大火，需要支付巨额的保险金。针对这种情况，各家保险公司纷纷采取上调保险费率的方法来稳定公司经营。

构建合理的产险费率厘定体系，此前保险业也曾多次强调保费厘定机构存在的必要性，但却遭遇了《反垄断法》的屏障。最初，GHQ（联合国部队最高司令官总司令部）从《反垄断法》的角度出发，认为行业使用统一的费率完全属于垄断行为，因此，采取“不能容许任何例外存在”的强硬态度。但最终还是迫于维护保险业发展的稳定性和可持续性的现实需要，单独为费率厘定团体制定了一项法律，允许成立费率厘定团体，将产险费率的厘定排除在反垄断法的适用范围之外。

终于在1948年7月颁布了《有关财产保险费率厘定团体的法律》，财产保险费率厘定会也正式成立。在该机构的努力下，同年11月推出了第一款费率。

虽然最终日本为了促进市场的自由竞争，还是废除了对该机构厘定的费率的使用义务，目前除了地震保险和交强险依然统一使用该机构厘定的费率之外，其他产品的费率均由保险公司在参考该机构厘定的参考纯费率的基础上自行决定，但是在当时的历史环境下，单一费率的推行却让产险行业免受了价格战的战火摧残，使得日本产险市场发展开始趋于稳定，也可以向客户提供稳定的保险产品。

（二）重启海外业务以及企业保险的蓬勃发展

日本的产险公司自创业之初，就曾积极拓展海外业务，此后却由于战争而导致业务一度中断。1950年以后，日本产险公司以与外国保险公司签订海上保险承保代理业务合同为开端，陆续重启了再保险业务。

1950年4月进入伦敦再保险市场，第二年成功承保交换再保险（多家保险公司间互相承保的再保险）。

1956年进入美国的再保险市场，其后陆续在英国、荷兰、新加坡、马来西亚、加拿大等地开展经营活动，海外直接承保的业务网也开始扩大。

就这样，日本的产险公司利用战前积累的高度的国际信用，一气呵成，在几年内陆续重启海外业务，海外的保费收入也大幅增长。

另外，日本社会从20世纪50年代中期开始进入经济快速增长期，企业的设备投资大增，相应的企业财产保险保费增长显著，给日本的产险市场增添了不少活力。

（三）日本交强险的诞生

战后的经济快速增长催生了许多新的保险产品。其中之一就是机动车赔偿责任险（类似于中国的交强险）。

随着战后经济的复苏，机动车保有量不断增加，1955年超过了150万台。在私家车逐渐进入千家万户的同时，由机动车事故造成的人身伤亡人数也在增加，1956年因交通事故死亡6,000人，伤者超过10万人。

面对这一社会问题，政府各部门围绕着对交通事故受害人进行救助展开讨论，最终确定由相应的保险产品来完成这一使命。于是作为强制性保险制度而推行的交强险应运而生。

该制度诞生之际，即从社会政策的角度出发采取强制投保的方式，保费则采用非营利性的费率制度（遵从“不赔不赚”的原则）。交强险的基准费率由日本财产保险费率厘定机构统一厘算，全行业统一使用。

同时还设立了交强险共同基金，各保险公司收到的交强险保费中，纯保费的部分将上缴给共同基金，然后上缴的保费合计金额再根据分配率，分配给各个保险公司。分配率则是根据上一年度的实际纯保费收入以及上一年度末的运用资产总额的各要素为基础而计算出的。

共同基金的加盟成员是所有在日本经营交强险和交强险共济业务的保险公司和工会（包含外资保险公司、东亚再保险公司、农协、全国劳动者共济生活协同工会联合会、全国机动车共济协同工会联合会），所有成员均须遵守共同基金的规定，运营交强险。

三、“非水险”时代的到来

（一）车险理赔中心的设置以及电脑系统的普及

受益于经济的快速增长，日本国内的机动车保有量呈暴发式增加，私家车已进入千家万户。另外，由机动车造成的交通事故多发，机动车保险合同迅猛增加，日本产险市场也急速扩大，整个保险业进入了“非水险”时代。

保险公司为应对快速增长的车险保单，以及提升保险服务的品质，开始设立由专业车险理赔人员常驻的车险理赔服务中心。1970 年以后，这种以“在客户身边提供安心”为理念的车险理赔中心的设置，在日本国内迅速铺开。

此外，车险业务的迅猛增长也一度造成保险公司业务处理滞后，经常出现让客户等待的情形。为了改善这种状况，实现迅速收集、传递信息以及尽早出单等为客户提供更优质的保险服务，20 世纪 70 年代中期以后，保险公司纷纷设立了机动车保险综合在线系统。用计算机存储数据不仅提高了业务处理的效率，而且提升了准确度，在全国范围内的任何地方均可为客户提供均质服务。

（二）“以人为本”大众化路线的确立和财产保险的普及

20 世纪 60 年代以后，以机动车保险和储蓄型保险为核心的家计保险（与家庭收支状况有关的保险）的比重逐渐增加。受到这股潮流的影响，各保险公司为强化家计保险部门，纷纷推进经营组织建设、销售网、服务体系以及完善电脑系统。这就是当时所谓的“以人为本”的“保险大众化”运动。

针对这种情况，为适应产险市场的变化，各保险公司纷纷以家计保险为核心制订公司的中期经营计划。通过构建以区域营业为中心的销售体制和开展积极的营销措施，以进行切实顺应市场变化的组织变革为目的，积极推动员工思想意识的转变。除大力推动跨部门的人事调动外，还积极致力于企业的文化建设，增强全体员工的凝聚力，在员工中着力培育全员营业的意识。

另外，经济的繁荣使得储蓄型财产保险产品的需求猛增。各产险公司为适应这种社会需求，开始开发和销售储蓄型保险产品。从1969年4月开始，保险公司开始销售长期赔偿由各种灾害发生导致的住宅和店铺等财产损失的“长期综合保险”。这款产品问世后作为财产保险领域最重要的产品被积极推广，上市两年后的1971年，部分保险公司在该款产品上的保费收入竟达到了该公司直接承保净保费收入的5%。

1979年，“储蓄型家庭交通意外伤害保险”产品问世，与日本人很强的储蓄意识高度契合，20世纪80年代前半期以后，该款产品取得了长足的发展。这种储蓄型保险的发展，对于财产保险公司来讲，除了要求构建将客户预存的保费通过资金运用后再行返还的财务体制外，也为将来产险公司进军寿险业奠定了坚实的基础。

四、保险业迎来市场化改革（金融大爆炸）

（一）市场化改革的背景

“大爆炸”源自英语的“Big Bang”，意为宇宙大爆炸。“日本版金融大爆炸”的最终目的，在于解决由于泡沫经济的崩溃以及遭遇瓶颈的增长型经济带来的各种问题，搞活日本金融市场，重振日本经济。这次市场化改革主要有以下两大背景：

首先是泡沫经济的崩溃。为了减少日本的巨额贸易顺差，1985年9月在纽约召开的五国财长会议，就推高日元币值达成了一致意见。为此，日本银行在1986年降低了贴现率（从5%下调至4.5%）。然后，一直降至1987年2月的2.5%，贴现率共计被下调了7次。

由于金融政策的过分宽松，日本国内的货币供应量增大，导致企业以及个人纷纷热衷于股票和房地产投资，房地产价格暴涨，引发了一系列严重的社会问题。在这种情况下，日本政府采取提高贴现率以及要求金融机构对房地产融资实行总量控制的措施。结果，日本土地的价格从 1990 年的夏季开始出现下跌趋势，同年 10 月股票价格也开始下跌，日本的泡沫经济破灭。

其次是当时的日本经济体制已遭遇发展瓶颈。日本社会舆论认为，随着泡沫经济的破灭，年功序列以及终身雇佣等劳动人事制度、以稳定企业经营为目的的相互持股制度、企业间偏重集团内交易的惯例以及政府机关不透明的行政决策制度等这些曾经令日本战后经济飞跃发展的经济体制，已经走到了死胡同。

面对泡沫经济的崩溃、经济和金融体制瓶颈的出现，日本财政部长的咨询机构“金融制度调查会”和“证券交易审议会”就金融的市场化、证券化、国际化的潮流当中日本的资本市场应该如何调整，进行了研究和探讨。经过这些审议会的审议，日本政府制定了《金融制度改革法》，并从 1993 年开始实施。

同时，在保险业方面，根据财政部长的咨询机构“保险审议会”就保险业状况的审议结果，于 1996 年 4 月，对《保险业法》进行了修改。

（二）新《保险业法》与监管松绑

日本《保险业法》颁布于 1939 年，1996 年的修订实际上是相隔半个世纪以后进行的彻底修订。具体修订的内容有很多，以下仅就其中最重要的两项进行说明：

首先是产寿险的兼业经营。过去，同一家公司是禁止同时经营人寿保险和财产保险的。不仅是禁止产险公司的母公司经营人寿保险业务，而且也禁止其通过子公司经营寿险业务。而在欧美各国，虽然产险公司的母公司也不允许经营人寿保险业务，但是通过子公司经营的现象极为普遍。这次修订维持了母公司不能进行人寿和财产兼营的现状，但允许通过子公司的方式，实现产寿险的兼营。

其次是放宽对商品和费率的管制。过去日本政府对保险业的监管，采取十分具体的“审批制”管理方式。保险产品的内容、产品的变更、新产品的开发等每次均需要得到监管当局的批准。修订后，很多变更只需要向当局报备，即在一定范围内适用“报备制”。

另外，在保险费率方面，以前财产保险、地震保险、机动车保险、机动车赔偿责任保险、伤害保险的费率是由“日本财产保险费率厘定机构”统一制定，各成员单位必须遵守。修订后，在费率厘定机构算出的费率当中，用于支付保险金部分的“纯保险费率”仍有遵守的义务，但其余充当各公司经费等的“附加保险费率”可以由各保险公司自行决定。即所谓的附加费率市场化制度。

（三）大规模自然灾害频发

进入20世纪90年代，世界范围内大规模的台风、飓风、洪水、地震等自然灾害频繁发生，给世界经济造成了巨大损失。而能够应对这种巨灾损失风险的产险业的重要性亦开始受到广泛关注。

1991年9月在长崎县登陆的台风19号，从九州北部给濑户内海造成重大损失之后，沿日本海迅速北上，再次重创日本海沿岸全域。台风过后，整个日本产险业的赔付金额约为5,700亿日元。

1995年1月17日发生的阪神·淡路大地震，造成死亡和失踪人数超过6,400人，逾63万栋建筑物受损。

按照受灾客户的要求，产险业修改了地震保险的相关规定，将每张保单建筑物的保险金额由1,000万日元上调至5,000万日元，并修改了地震保险制度，在财产保险保单生效后可中途再追加附带地震保险。此后，地震保险制度得到媒体的广泛宣传，1994年年末日本全国的地震保险普及率仅为9%，至2012年年末已经上升至27%。

（四）市场化改革掀起保险业又一轮重组浪潮

随着新保险业法的施行而展开的保险产品市场化，保险公司之间的竞争激化。再加上新产品的开发费用负担增加，以及泡沫经济破灭后造成的资产运用环境的长期低迷，保险业掀起了以强化经营基础和提高业务效率为目的的业界重组浪潮。经历了2001年的第一次重组后，14家上市保险公司重组成8家。

其中，日本产险行业几经重组，形成了目前三大产险集团鼎立的局面。这三大产险集团分别是MS&AD保险控股集团、东京海上控股集团、SOMPO控股集团。这三大集团占据了整个日本产险市场大约9成的市场份额。

合并带来的经费削减等，使得保险公司的管理费用得到一定程度的改善，但是机动车事故的增加以及自然灾害的频繁发生导致保险公司的赔付率有上升的倾向。其后针对机动车保险实施的费率改革以及无事故折扣制度的实施等，逐渐改善了产险公司的赔付率指标。

如何改善与保险公司利润直接挂钩的赔付率以及管理费率指标，仍将是日本产险公司面临的长期课题。

（五）市场化竞争造成的负面影响引发金融厅强化监管

20世纪90年代推进的保险业市场化改革，带动了新的外资保险公司以及直销型保险公司纷纷进入日本保险市场。保险产品的内容以及保费的变化也丰富多彩起来。

这种变化在为消费者提供多种选择的同时，也出现了产品内容复杂化，消费者难以理解产品内容等一系列问题，使得保险公司对保险服务的品质维护也愈发困难。

由于这些原因，2005年日本保险业发生了保险金不赔以及附随保险金漏赔的问题。金融厅责令各家保险公司对过去3年的保险合同以及赔付情况展开自查，结果发现整个产险业的漏赔案件约为18万件，合计漏赔金额达到84亿日元，其中，车险的附随保险金漏赔案件占整体的86%。

2005年11月，金融厅对已查明有漏赔现象的26家产险公司发出了业务改善命令。要求各公司修改现行的经营管理体制、对客户进行产品说明的体制、产品开发体制以及赔付管理体制。由此，2006年2月，多家大型险企纷纷对外公布了包括降低董事薪水等的内部处分措施。

一系列的不赔、漏赔案件的发生，除了说明保险市场化改革以及放宽监管后造成保险公司之间的竞争更加激化外，还说明了整个保险业保障消费者权益的环境还不够完善。2005年7月，金融厅开设了“金融消费者洽谈室”，监管当局开始直接受理消费者的投诉。如何改进与完善投诉处理机制，将成为今后日本保险业的重要课题。

五、保险业的近况以及面临的新课题

（一）积极的海外兼并重组战略助力保险业重获生机

由于日本国内人口减少以及老龄化问题严重，再加上日元走低以及日本银行在国内推行的负利率政策，使得日本保险业在国内的发展前景黯淡。各家保险公司为谋求发展，纷纷将目光投向了海外。

2015 年，日本保险公司仅在美国的并购总额就超过了 180 亿美元。2016 年 5 月 3 日，在纽约召开的有关并购问题的研讨会上，与会者普遍认为并购潮流尚未结束。到会的投行专家们表示，由于日本有很多规模很大且健全的保险公司，因此，日本保险公司的并购浪潮会波及美国，其高潮尚未到来。

摩根士丹利保险投资银行集团董事路易斯表示，美国将成为寻找并购对象的最大场所。只要日本保险公司所处的环境没有改变，这种趋势就会继续。

相关数据显示，2015 年日本的东京海上控股公司、明治安田生命保险公司、住友生命保险公司、第一生命保险公司共 4 家公司在美国的并购总额达到了 184 亿美元。花旗集团的相关人士预测，其他日本保险公司跟风的可能性较大，还有已经进入美国市场的公司或许会进一步追加投资。正如花旗银行所料的，2016 年 10 月，SOMPO 控股公司宣布，该公司将斥资 65 亿美元收购美国大型产险公司 Endurance。

除了美国，英国也是日本大型产险集团的投资对象。2015 年 9 月，MS&AD 保险控股集团旗下子公司——三井住友海上火灾保险公司宣布全资收购了英国产险公司 Amlin 保险。MS&AD 保险控股集团此举使得该集团海外业务的利润贡献率从以往的 25%，一跃提升到了 45%。东京海上控股集团的海外利润贡献率更是高达 66%。面对如此丰厚的回报，相信日本产险公司今后也会继续其海外扩张的脚步。

（二）东日本大地震引发对地震保险制度的再次修订

2011 年 3 月发生的东日本大地震，重创了日本东北部以及关东地区沿岸。据日本警察厅公布的数据，2015 年 8 月，地震造成的死亡、失踪人数为 18,465 人，建筑物全部、部分倒塌合计为 40 万户。内阁府公布的受损金额试算为 17 万亿日元，此次地震灾害造成的经济损失额居世界首位。2017 年 6 月，地震保险制度迎来 50 周年纪念。截至 2017 年 3 月末，以家庭为单位的地震保险投保率为 29.5%。与阪神・淡路大地震发生时 9% 的投保率相比已有大幅提升，但是仍有改善的余地。日本产险协会会长强调，要加快致力于普及地震保险的活动。不只在产险业，也呼吁销售住房贷款等与客户有接触的银行给予大力配合。

日本的地震保险制度在经历大地震后数度被更改。以 2011 年 3 月发生的东日本大地震为契机，2017 年 1 月将再次修订该制度。数次更改后，地震保险的保费全国平均上涨大约 19%，事故划分也由三阶段细分为四阶段。针对东日本大地震的实际情况，产险业界提出的建议要求也得到了政府以及监管部门的认可，根据受损情况支付合理的保险金将成为可能。

地震发生后的初期协商以及事故调查流程等也被重新修订。针对保险合同丢失等问题，保险公司常设了查询制度，在 2016 年发生的熊本大地震中就发挥了作用。以产险公司的现场查勘为基本的事故调查流程也进行了新的尝试。东日本大地震采用了航空、卫星照片作为证据参与事故调查，共结案 13,000 件（全部赔案为 80 万件）。熊本大地震试行利用移动终端开展事故调查。产险协会也开发了专用软件，在简化保险金计算以及实现事故调查的无纸化、受损状况的当场确认等方面都发挥了积极作用。

另外，产险协会为普及地震保险，2016 年 8 月 27 日和 28 日参与了内阁主办的“第一届推进防灾国民大会”。通过假定发生首都直下型地震的体验型讲座及展板展示向来宾呼吁预防大地震发生的重要性。

相关数据显示，2016 年 3 月末财产保险合同附加地震保险的比率为 60.2%，是 2001 年度（33.5%）的 1.8 倍。产险协会表示，该数据显示近几年来作为财产保险附加险种的地震保险，其投保意愿明显增强。

日本的地震保险制度是以1964年发生的新潟地震为契机，于1966年5月在全国施行了《地震保险法》。该制度采取政府与民间商业保险公司共同承担的形式。地震保险不能单独投保，要以投保财产险为前提条件。制度设立初期仅以全部损失的发生为保险事故，赔偿限额为建筑物90万日元、家庭财产60万日元。此后，经过数次更改，现行标准为财产保险金额的30%～50%以内，建筑物最多5,000万日元，家庭财产最多1,000万日元。

（三）高科技引入保险业助力提升保险服务水平

进入21世纪以来，随着技术革新带来电子设备的高性能化，以及网络的高速化和大容量化，使收集和分析多种多样、纷繁复杂的庞大信息成为可能。保险行业通过使用这些设施获取的信息再运用到市场当中，就可以大大提高保险服务的附加值（包括提高原有服务的品质以及开发新的服务内容等）。

例如，时下各大产险公司纷纷推出的车载感应装置，通过安装该装置，可以搜集到车辆行驶记录信息以及驾驶人员的驾驶习惯等信息，根据这些信息计算出更为准确、合理的车险保费，从而开发出新的保险产品，为客户提供更为精准的车险服务。

另外，随着智能手机以及平板智能终端设备的普及，客户利用保险公司开发的应用软件，就可以把智能手机拍摄到的事故现场的照片发送给保险公司，理赔人员可以一边看着事故现场以及受损车辆的图片，一边同被保险人沟通，既提高了掌握事故状况的精度，又缩短了解决事故的时间。同时，通过GPS系统迅速锁定事故现场的位置，直接读取保单内容等，大大提高了工作效率，也为客户提供了更为便捷周到的保险服务。

综上所述，相信随着科技的进步，会有更多的高科技手段被运用到保险产品的开发以及提升保险服务中来，保险业的发展也会随着科技进步进入一个全新的时代。

第二章
日本的机动车保险费率制度

一、机动车保险费率制度的建立

（一）机动车保险费率制度建立的背景

日本的机动车保险始于1914年东京海上保险公司获批经营机动车保险。当时日本的机动车保有量仅有1,058台，其中东京都约有450台。随后，各家财产保险公司相继获得了机动车保险经营许可，并分别使用各自拟定的机动车保险条款。为此，第二次世界大战前后至20世纪50年代初，高佣金、高手续费以及层出不穷的假赔案件，严重扰乱了市场秩序，是日本车险市场最为混乱的时期。加上汽车修理费用也没有统一的标准可以依靠，价格随意性强，使得事故车辆修理成本居高不下，赔付率不断恶化。为了改善这一现状，从1947年起，日本各家财产保险公司开始使用统一的机动车保险条款和费率，投保人无论在哪家保险公司投保，只要条件相同，得到的保险报价也基本相同。1948年7月，日本金融厅出台《财产保险费率厘定团体的相关法律》，并于同年11月，根据该法成立了“财产保险费率算定会”。由于汽车数量激增，1964年机动车保险费率算定会从财产保险费率算定会分离，独立成立。不过，随后又并入日本财产保险费率厘定机构。

（二）机动车保险费率制度的建立

直到1996年，日本政府对金融制度进行了大刀阔斧的改革，保险市场确定市场化改革方向。1996年4月，日本修订《保险业法》，皆为放松管制、促进自由竞争和市场化；同年12月，日本与美国达成协议签订《日美保险协议》。受此影响，1997年，日本部分机动车保险产品开始尝试费率自由化。1998年7月，日本修订《非寿险费率算定组织法》，废除了各保险公司必须使用机动车保险费率算定会费率的义务。算定会只负责计算成本费率（以下简称“参考纯费率”），保险公司将此纯费率作为基准费率，可根据自身经营状况自主制订本公司机动车保险条款及费率。由此，日本机动车保险市场全面进入费率市场化时代。

在1998年前的机动车保险费率制度下，各保险公司必须使用机动车保险费率算定会厘定并经大藏省报备的“基准费率”（纯费率＋附加费率）。条款也是由机动车保险费率算定会制定，报大藏省备案后供各保险公司使用。也就是说在改革之前，车险市场只有一种费率，产品也很单一。

而在现行的机动车保险费率制度下，首先是财产保险费率厘定机构计算出一个参考纯费率，向金融厅报备后，各保险公司则以该费率为基础，再结合自身的情况，计算已反映独自承保风险费率、附加费率等的保险费率，向金融厅申报并经批准后使用。

二、机动车保险纯费率的概要

（一）机动车保险费率的构成

机动车保险费率，由“纯费率”和“附加费率”构成（见图2－1）。投保人支付的机动车保费，根据车辆用途、车型、驾驶员年龄、有无发生过事故等因素来决定。

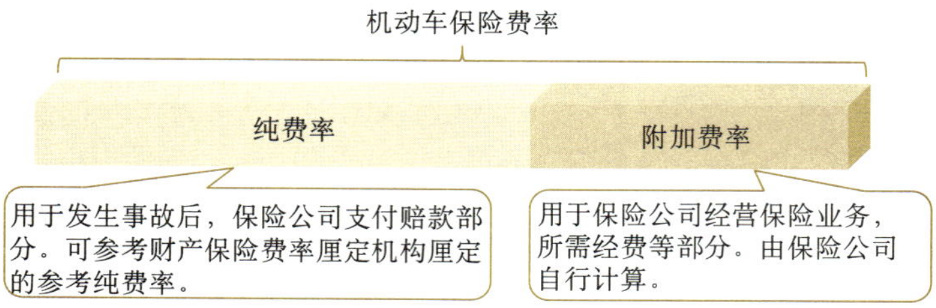

图 2－1　机动车保险费率的构成

（二）机动车保险纯费率的确定原则

根据日本《保险业法》第五条（审查基准）及《有关财产保险费率厘定团体的内阁府令》第五条（纯费率合理性审查等）的相关规定，保险费率、纯费率都需要基于合理性、适度性和公平性这 3 个原则进行厘定。

1. 合理性

合理性是指，用于纯费率厘定的保险统计或其他基础资料要具有客观性、高精确度，并确保有足够的数量，同时应基于保险精算的科学方法进行纯费率厘定。

2. 适度性

适度性是指，纯费率作为未来赔款支出的预计部分，不会出现过多或不足。适度性又称妥当性。

3. 公平性

公平性是指，纯费率的风险区分或水准应根据实际的风险差异而恰当设定。针对特定的事物不存在不公正的歧视性对待。

而作为费率三原则确立的背景，保费与赔款之间存在两大原则：收支相等原则、给付与反给付原则。

收支相等原则是指，从整体来看，每个保险合同的纯保费总额应等于公司所支付的赔款总额（见图 2－2）。

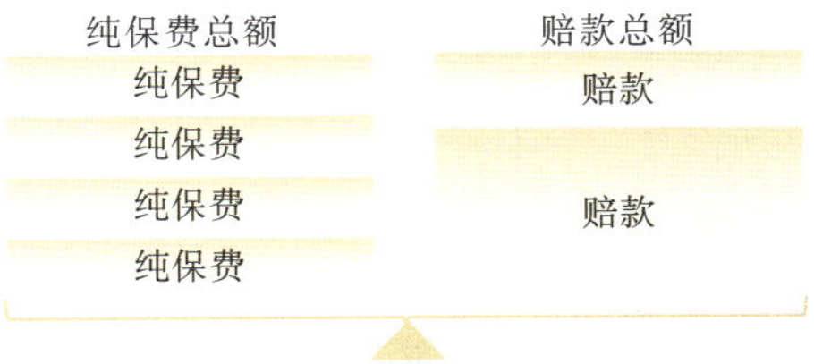

图 2 – 2　收支相等原则的示意图

而给付与反给付原则是指，由于每个保险合同的风险不同（事故发生的概率、事故损失严重程度等），为了维持公平性，风险高的合同保费高，风险低的合同保费低，需要根据其风险程度设定保费，基于此，厘定的每个保险合同纯保费应等于未来发生事故时有望获得的赔款预估值（见图 2 – 3）。

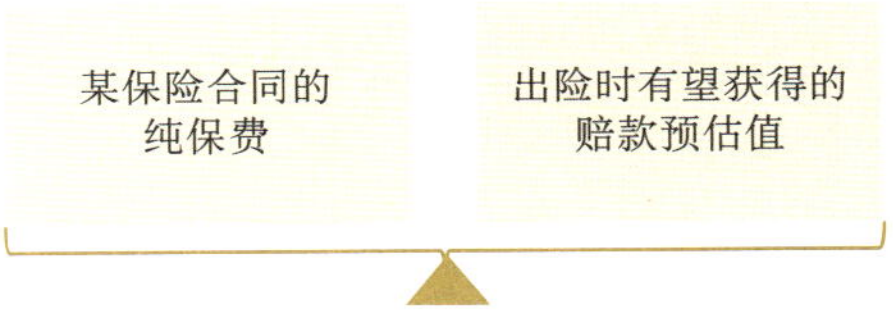

图 2 – 3　给付与反给付原则的示意图

三、机动车保险参考纯费率的厘定

（一）参考纯费率的厘定

1. 参考纯费率的厘定流程

由财产保险费率厘定机构根据从保险公司收集到的有关保险合同与理赔方面的大量数据，进行高精度地保险统计，并对此进行分析的同时，考虑社会环境变化后，运用保险精算等合理的方法，来厘定参考纯费率（见图 2 – 4）。

首先，保险公司根据保单收集投保人的相关数据，例如，责任范围、车辆用途、车型、驾龄等。出险后，保险公司在赔案中收集相关理赔数据，例如，

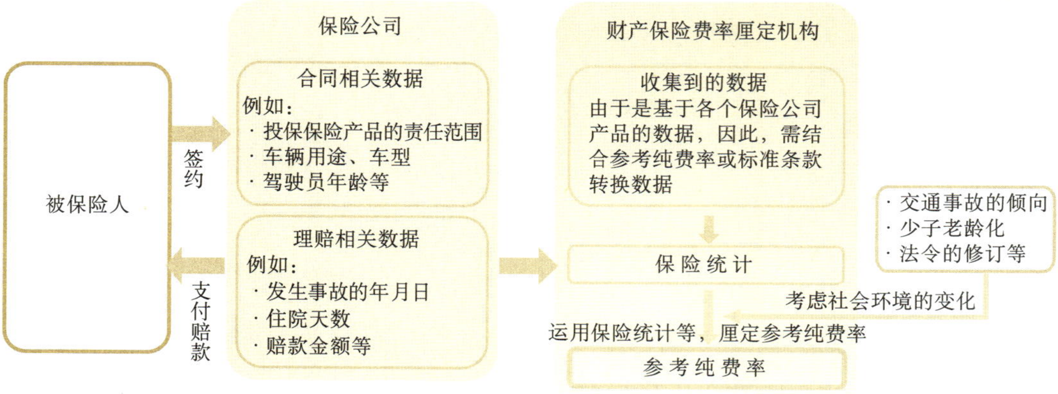

图 2－4　从统计数据的收集到机动车保险参考纯费率厘定的流程

住院天数、赔款金额等。其次，保险公司将收集到的数据汇总到财产保险费率厘定机构。该机构再以这些数据为基础，参考其他要素来制定参考纯费率。

2. 参考纯费率的厘定方法

根据收支相等原则，纯保费总额应等于赔款总额。基于此原则，机动车保险将“每台机动车保险合同的赔款”作为“每台机动车保险合同的纯保费”，来厘定参考纯费率。

例如，将赔款总额 50 万日元分由 5 台机动车保险合同进行分担的话，“每台机动车保险合同的纯保费”则为 10 万日元（见图 2－5）。

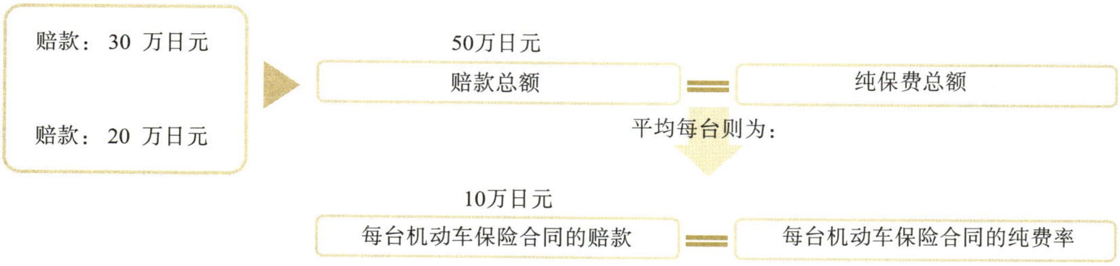

图 2－5　纯费率厘定示意图

首先，根据财产保险费率厘定机构做出的保险统计，求得实际“每台机动车保险合同的赔款”。其次，考虑社会环境的变化后，预测将来“每台机动车保险合同的赔款”。最后，把预测的“每台机动车保险合同的赔款”作为“每台机动车保险合同的纯保费”，厘定参考纯费率（见图 2－6）。

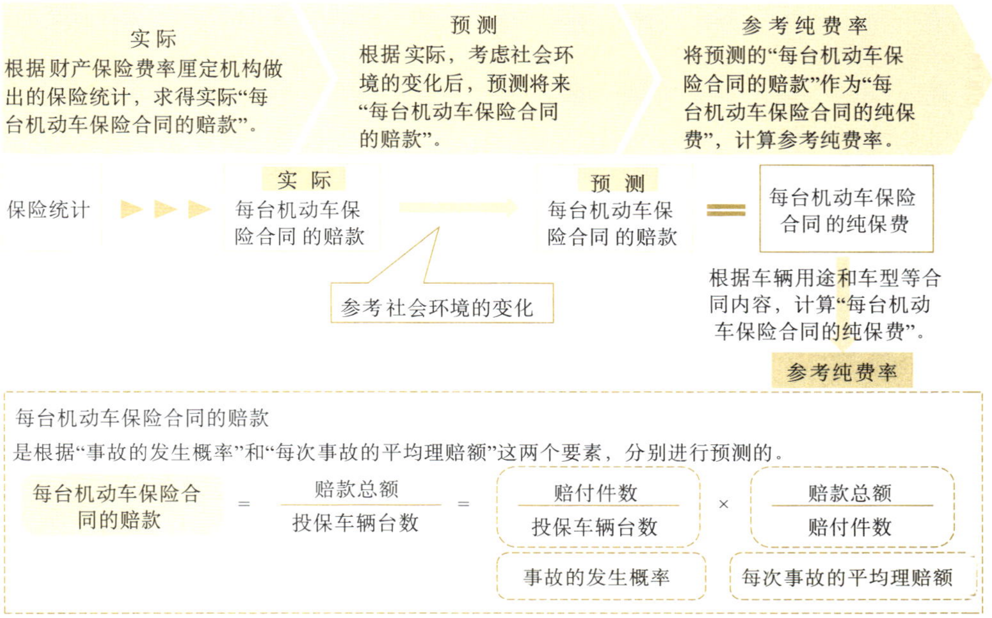

图 2－6　参考纯费率厘定流程图

其中，“每台机动车保险合同的赔款”是根据“事故的发生概率”与“每次事故的平均理赔额”这两个要素，分别进行预测的。

（二）参考纯费率的报备

参考纯费率的报备流程（见图 2－7）主要如下：

（1）财产保险费率厘定机构将厘定的机动车保险参考纯费率向金融厅进行报备。

（2）财产保险费率厘定机构同时将报备给金融厅的参考纯费率提供给保险公司。

（3）金融厅对报备的参考纯费率是否符合“保险费率三原则”，进行审查。

（4）金融厅原则上 30 日以内将审查结果通知财产保险费率厘定机构。

（5）财产保险费率厘定机构把审查结果告知保险公司。

（6）保险公司在接到参考纯费率符合“保险费率三原则”的通知后，以该参考纯费率为基础，结合自身情况，计算保险产品保险费率，向金融厅申报。

（7）金融厅对保险公司申报的保险费率中使用参考纯费率部分，是否符合“保险费率三原则”，再次进行审查。

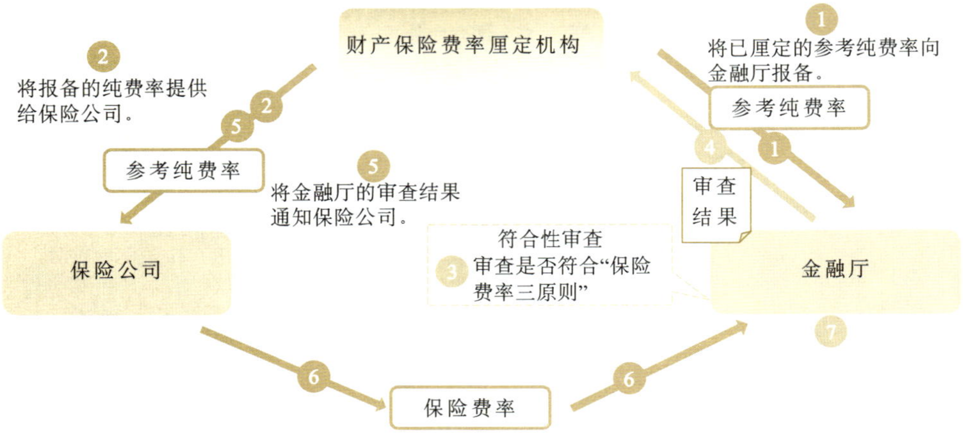

图2－7　参考纯费率厘定后的流程图

（三）参考纯费率的验证

参考纯费率即使在厘定的时候是适当的，但随着社会环境等的变化，风险的实际情况也在变化，所以不能说一直是适当的标准。因此，参考纯费率是否在适当的水准，需要每年进行验证，必要时则会对参考纯费率进行改定（见图2－8）。

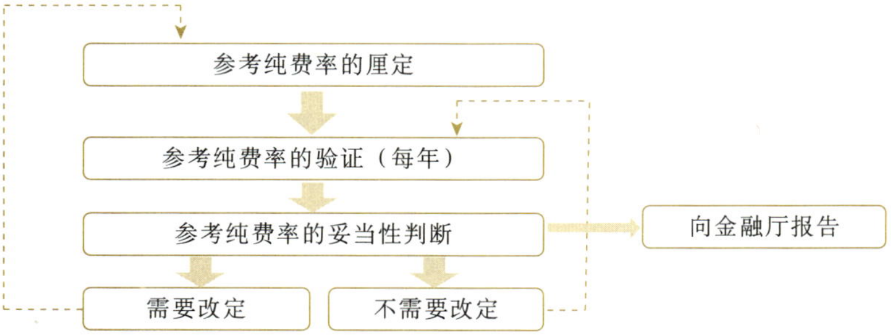

图2－8　参考纯费率的验证与改定流程图

四、机动车保险纯费率厘定的影响因素

（一）相关法律规定

日本《保险业法实施规则》第十二条第三项规定，承保机动车保险时，应满足以下所有条件：

（1）关于纯费率厘定所使用的危险因素，应由以下单个或多个危险因素构成。即年龄、性别、驾龄、商用或私用等机动车使用目的、行驶距离等使用状况、区域、车型、机动车有无安全装置、多车所有权。

（2）根据上述危险因素厘定的纯费率差，应符合保险统计或保险精算中的规定。

（3）有关使用年龄、性别及区域等危险因素厘定纯费率时，应满足表2－1中相应的条件。

表2－1　一部分危险因素的构成条件

区分	条　件
年龄	纯费率差应在3倍以内。
性别	男女之间的纯费率差应在1.5倍以内。
区域	划分为北海道、东北、关东・甲信越、北陆・东海、近畿・中国、四国及九州7个区域，纯费率分别根据各个区域或多个区域来计算，但纯费率差应在1.5倍以内。

注：7个区域具体包括的都道府县如下：

北海道：北海道；

东北：青森县、岩手县、秋田县、宫城县、山形县、福岛县；

关东・甲信越：东京都、神奈川县、埼玉县、千叶县、茨城县、枥木县、群马县、山梨县、长野县、新潟县；

北陆・东海：富山县、石川县、福井县、静冈县、爱知县、岐阜县、三重县；

近畿・中国：大阪府、京都府、滋贺县、奈良县、和歌山县、兵库县、冈山县、广岛县、鸟

取县、岛根县、山口县；

四国：香川县、爱媛县、德岛县、高知县；

九州：福冈县、长崎县、佐贺县、大分县、熊本县、宫崎县、鹿儿岛县、冲绳县。

（二）主要费率制度

机动车保险保费是根据车辆用途、车型风险确定的保费乘以基于每个合同投保人、机动车属性或责任范围等实际风险状况的各种风险系数（加减费比率），计算得出。风险系数包括很多，以下主要介绍非车队（投保车辆台数为9台以下）等级费率制度、不同车型费率制度和驾驶员年龄别费率制度。

1. 非车队等级费率制度

（1）非车队等级费率的细分。由于投保人根据过去未出险年数或出险件数等投保情况，面临的风险有所不同，因此，该制度将费率细分为1～20个等级。等级越高风险越小，保费则越便宜，相反，等级越低风险越高，保费则越高。1～20级之间的最大费率差约4.43倍。

其一，续保时的等级系数。由于出险投保人的风险状况高于未出险投保人，因此，该制度将续保时7～20级的等级系数进一步细分为“无事故系数”和“有事故系数”，并分别设定了不同的费率（见表2－2）。

表2－2　续保时的非车队等级系数

<table>
<tr><th>等级</th><th>无事故系数（增减率）</th><th colspan="2">有事故系数（增减率）</th></tr>
<tr><td>1级</td><td colspan="2">1.64（+64%）</td><td rowspan="3">涨幅</td></tr>
<tr><td>2级</td><td colspan="2">1.28（+28%）</td></tr>
<tr><td>3级</td><td colspan="2">1.12（+12%）</td></tr>
<tr><td>4级</td><td colspan="2">0.98（－2%）</td><td rowspan="4">折扣</td></tr>
<tr><td>5级</td><td colspan="2">0.87（－13%）</td></tr>
<tr><td>6级</td><td colspan="2">0.81（－19%）</td></tr>
<tr><td>7级</td><td>0.70（－30%）</td><td>0.80（－20%）</td></tr>
</table>

续表

等级	无事故系数（增减率）	有事故系数（增减率）	
8 级	0.60（-40%）	0.79（-21%）	折扣
9 级	0.57（-43%）	0.78（-22%）	
10 级	0.55（-45%）	0.77（-23%）	
11 级	0.53（-47%）	0.75（-25%）	
12 级	0.52（-48%）	0.73（-27%）	
13 级	0.51（-49%）	0.71（-29%）	
14 级	0.50（-50%）	0.69（-31%）	
15 级	0.49（-51%）	0.67（-33%）	
16 级	0.48（-52%）	0.64（-36%）	
17 级	0.47（-53%）	0.62（-38%）	
18 级	0.46（-54%）	0.60（-40%）	
19 级	0.45（-55%）	0.58（-42%）	
20 级	0.37（-63%）	0.56（-44%）	

其二，首次投保适用的等级系数。投保人首次购买机动车保险时，通常定级为 6 级，但如果是为第 2 辆车投保，且满足一定条件，则可适用 7 级（见表 2-3）。

表 2-3　首次投保适用的等级系数

等级	年龄条件	系数（增减率）	备注
6 级	所有年龄	1.28（+28%）	第 1 辆车首次投保
	21 岁以上	1.03（+3%）	
	26 岁以上	0.91（-9%）	
	年龄条件对象外	1.04（+4%）	
7 级	所有年龄	1.11（+11%）	第 2 辆及以上车辆首次投保
	21 岁以上	0.89（-11%）	
	26 岁以上	0.60（-40%）	
	年龄条件对象外	0.61（-39%）	

（2）非车队等级的确定。投保人在上年保险合同期间是否发生事故，将影响次年续保时保费的增减，一般用上述“等级”的形式来表示此类事故的信息。根据事故内容和次数，设定每个投保人的“等级”，保险公司根据不同“等级”来确定保费的增减。例如，18 级的保险合同，若一年内无事故发生，次年续保时则上升 1 个等级至 19 级，保费也会随之减额。相反，若每发生一次事故，次年续保时则连降 3 个等级至 15 级，保费也随之增加（见图 2－9）。

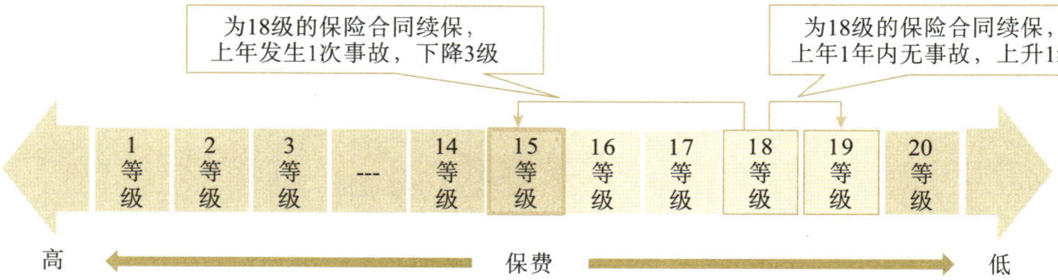

图 2－9　续保时非车队等级系数的确定案例

但并不是所有每发生一次事故，次年续保都会连降 3 级。根据事故内容，每发生一次事故，次年续保有连降 3 个等级的，也有下降 1 个等级的，还有不计入事故次数（不计次事故）的情况。具体参见表 2－4。

表 2－4　根据事故内容确定的事故类型

事故类型	事故内容
连降 3 级事故	• 因汽车事故导致他人受伤，支付了对人赔偿金的事故； • 因汽车碰撞导致对方汽车受损，支付了对物赔偿金的事故； • 因汽车碰撞到电线杆，支付了车辆保险赔偿金的事故等
下降 1 级事故	因火灾或盗窃等原因，仅支付了车辆保险赔偿金的事故
不计次事故	因汽车事故导致自己受伤，仅支付了人身伤害保险赔偿金的事故等

另外，还设定了“有事故系数适用期限”这一项目。“有事故系数适用期限”分为 0 到 6 年，以此更进一步细分等级。例如，“等级 12”根据“有事故系

数适用期限”可以更进一步细分为从“等级 12 + 适用期限 0”到“等级 12 + 适用期限 6”，虽然等级相同，但是由于适用期限不同，最终费率也会有一定的差异。

（3）该制度实施的关键：信息交换制度。日本的财产保险公司通过行业组织建立并执行“机动车保险信息交换制度”。各公司将保单适用的等级及索赔情况，通过日本财产保险协会进行积累和相互交换，从而最大限度地避免道德风险。即使投保人换了保险公司，新的保险公司也能查询到其以前的合同等级和索赔情况，从而达到约束投保人如实告知、降低保险公司承保风险、提高承保质量的目的。如此一来，被保险人提高了安全驾驶的意识，体现了机动车保险的社会管理功能。

2. 不同车型费率制度

该制度适用对象为家用普通轿车和家用小型轿车。家用轻型轿车、家用轻型货车、家用小型货车等不包含在其中。

首先，由于不同车型面临的风险不同，因此，该制度将不同车型适用的费率细分为 1 ~ 9 个等级。赔付支出越少的车型，等级越低，保费则越便宜，相反，赔付支出越多的车型，等级越高，保费则越高（见图 2 – 10）。

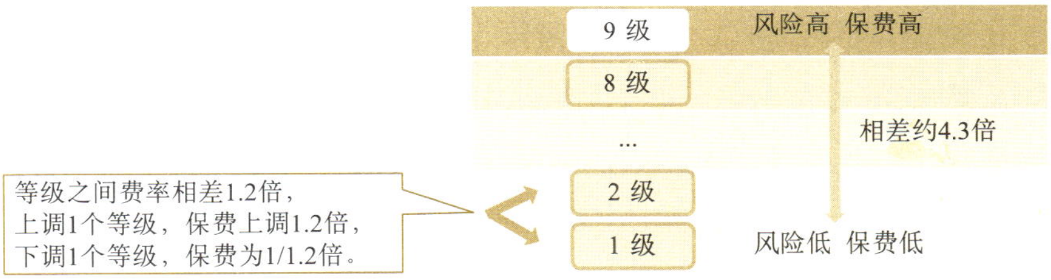

图 2 – 10　不同车型费率等级的细分

其次，不同车型费率等级还根据“对人赔偿”“对物赔偿”“司乘人员伤害”“车辆保险”等不同赔偿内容，分别设定了费率等级。图 2 – 11 是两厢车与高级跑车两种车型的费率对比案例。

两厢车

费率等级从整体来看较低

对人赔偿	对物赔偿	司乘伤害	车辆保险
3 级	3 级	4 级	3 级

高级跑车

由于容易成为被盗对象，且修理费较高，所以车辆保险的费率等级很高。

对人赔偿	对物赔偿	司乘伤害	车辆保险
6 级	5 级	4 级	9 级

图 2－11　不同车型费率等级的比较案例

不同车型费率等级是由财产保险费率厘定机构，根据每个车型的实际赔付率厘定的。该机构每年会对费率等级是否在适当的水准进行验证，必要时则会对其进行改定。因此，有可能会出现等级上调车型的投保人，即使在上年保险期间未发生保险事故，保费也会被上调的情况。

另外，关于新发售车型，由于没有保险数据积累，因此，会根据排量或新车价格等决定适用的等级。

3. 驾驶员年龄别费率制度

该制度的适用对象仅限投保车辆台数为 9 台以下的保单，且车型为家用普通・小型轿车、轻型轿车、摩托车、带发动机自行车。

由于驾驶员的年龄不同，面临的风险也不同，因此，该制度根据驾驶员的年龄范围及被保险人的年龄，进行了费率细分。

如果是公司保单，则根据驾驶员的年龄分为 3 类。而个人保单则根据被保险人的年龄分为 6 类。具体如图 2－12 所示。

其中，“所有年龄赔付”是指不限驾驶员年龄均可赔付，也就是指未投保“驾驶员年龄条件特别条款”的情况。而“21 岁以上赔付”是指对 21 岁以上驾驶员在驾驶途中的事故进行赔付，也就是指已投保 21 岁以上驾驶员年龄条件特别条款的情况。

“26 岁以上赔付”是指对 26 岁以上驾驶员在驾驶途中的事故进行赔付，也就是指已投保 26 岁以上驾驶员年龄条件特别条款的情况。

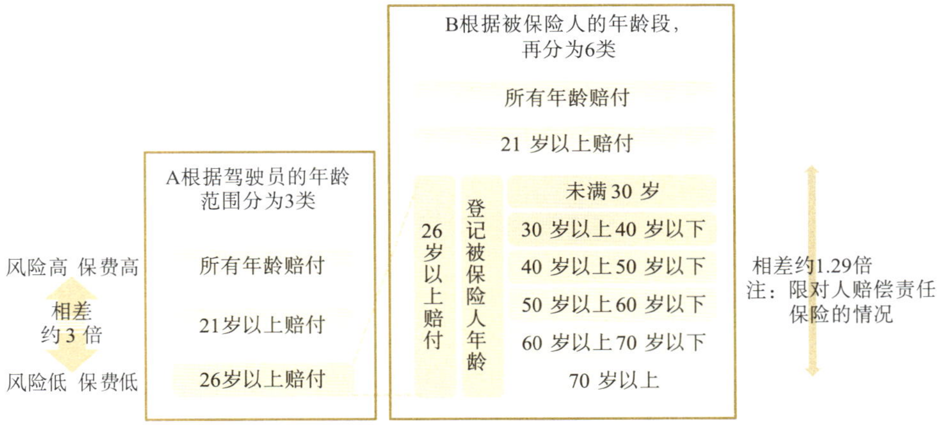

图 2－12　驾驶员年龄别费率的细分

带发动机自行车仅适用“所有年龄赔付”和“21岁以上赔付”。被保险人是指主要驾驶投保机动车且被登记在保单被保险人栏的人员。

将驾驶员年龄别费率分为2大类的原因是从交通事故件数来分析，发现呈现出年龄差异，如图2－13所示。

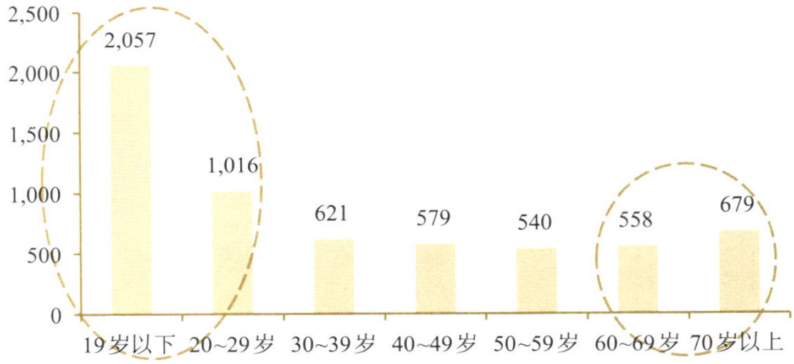

图 2－13　2014年不同年龄段平均每10万驾照持有人的交通事故件数（单位：件）

从图2－13可以看出，第一，由于年轻驾驶员的风险较高，因此，该制度根据驾驶投保机动车人员的年龄范围，细分为3类；第二，随着年龄增大，发生交通事故的件数虽然有所减少，但是“60～69岁”未见减少，而“70岁以上”的风险仍然较高。为了将年龄段之间的风险差异反映在保费中，该制度在年满 26 岁以上赔付中，对于个人投保的情况，根据被保险人的年龄段，进一步细分为了 6 类。

此外，投保人把被保险车辆借给朋友等家庭成员以外的人驾驶，或把被保险车辆借给分开居住未婚儿子回老家时驾驶等情况，均不适用此年龄条件。

（三）其他折扣制度

日本的机动车保险，除上述主要费率制度以外，还有很多折扣制度。表 2－5 是一部分折扣制度，这些折扣制度的种类及内容根据保险公司不同会有所差异。

表 2－5　其他折扣制度一览表

折扣制度种类	折扣制度名称	折扣制度内容
基于驾驶员条件的折扣	限定驾驶员家属的折扣	对于仅限投保人本人及其家属驾驶的机动车，给予对人、自有车辆损坏事故、无保险车、对物、司乘人员伤害保险等折扣。
	限定驾驶员本人的折扣	对于仅限投保人本人驾驶的机动车，给予保费优惠。
	金牌驾照折扣	对于投保人持有金牌驾照的，给予保费优惠。
	区域折扣（区域费率）	对于机动车使用区域属于事故低发区域的，给予保费优惠。
	长期优质合同折扣	上年合同适用了非车队等级费率制度第 20 级，在没有事故发生的情况下，对满足一定条件的长期优质合同给予折扣。

续表

折扣制度种类	折扣制度名称	折扣制度内容
基于车辆条件及安全装置等的折扣	ABS 装置折扣	对于安装有防抱死制动系统的机动车，给予对人、对物、司乘人员伤害保险折扣。
	安全气囊装备折扣	对于配备安全气囊的机动车，给予司乘人员伤害保险折扣。也有根据主驾驶、副驾驶、后座等配备的安全气囊数量不同，折扣比例不同的情况。
	防侧滑装置折扣	对于配置防侧滑装置的机动车，给予对人、对物、司乘人员伤害保险折扣。
	防盗装置折扣	对于配备电子移动锁等防盗装置的机动车，给予车辆保险折扣。
	节能车辆折扣	对于电动汽车、压缩天然气汽车、甲醇汽车、混合动力汽车等环保车辆，全部险种给予折扣。
	新车折扣	对于新车初次登记后，行驶期间在规定的 25 个月以内的新车，给予车辆、对人、对物、人身意外、司乘人员伤害、自有车辆损坏事故保险等折扣。（适用对象仅限家用普通轿车、家用小型轿车）
其他	网络折扣	对于从保险公司网站直接投保的，给予保费优惠。
	行驶距离折扣	对于 1 年保险期间，行驶距离少，事故风险也低的，给予保费优惠。

五、机动车保险纯费率的运营情况

（一）机动车保险保费收入

1. 保费收入

2014 年，机动车保险保费收入达 3.9935 万亿日元，同比增长 7.0%（见图

2－14）。

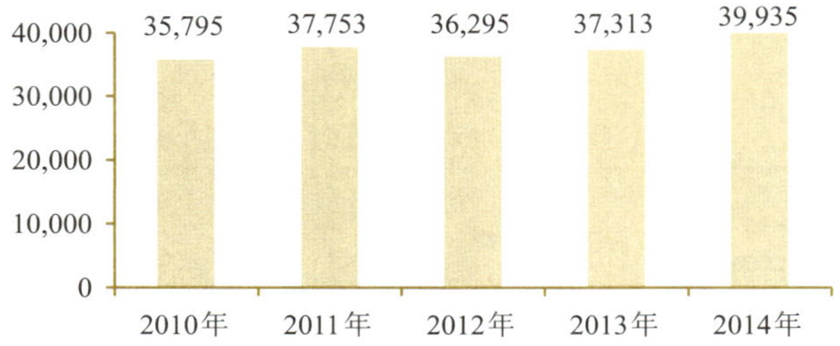

图2－14　2010～2014年机动车保险保费收入（单位：亿日元）

2. 主要合同的构成特征

（1）轻型轿车合同增加。根据机动车使用目的及车型的不同，面临的风险则不同，保费也会随之变化。近年来，轻型轿车的投保合同有所增加，在2014年对人赔偿责任保险中，轻型轿车的保费收入约占整体的1/4（见图2－15）。

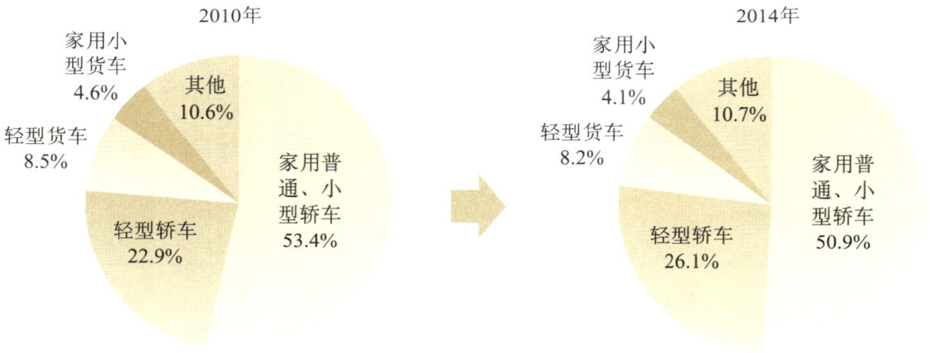

图2－15　不同使用目的、车型的保费收入构成比例（对人赔偿责任保险）

（2）年轻驾驶员减少。由于驾驶员的年龄不同，面临的风险也不同，因此，根据赔付对象驾驶员的年龄范围及被保险人的年龄，保费会随之变化。近年来，随着年轻驾驶员的减少，在对人赔偿责任保险中，26岁以上赔付的合同比例有一定的增长（见图2－16）。

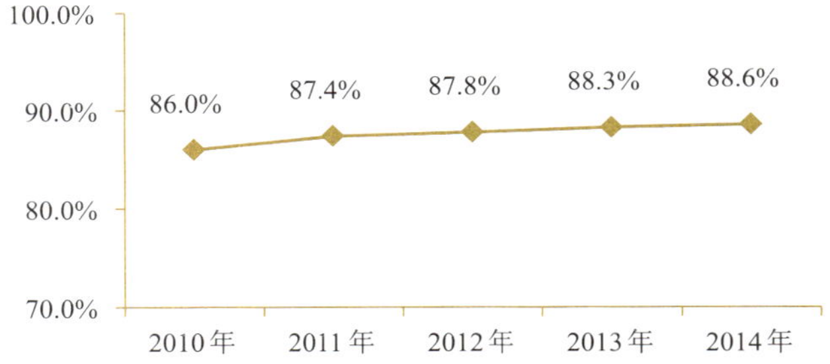

图 2－16　2010～2014 年 26 岁以上赔付的保费收入比例（对人赔偿责任保险）

（3）非车队等级费率制度中第 20 级保费收入占比增加。由于根据投保人过去未出险年数或出险件数等投保情况，面临的风险不同，因此，上年是否出险，次年保费会随之变化。从非车队等级费率制度投保人整体来看，多年未出险的投保人较多，2010～2014 年，对人赔偿责任保险的保费收入中，折扣最高第 20 级的占比呈增长倾向（见图 2－17）。

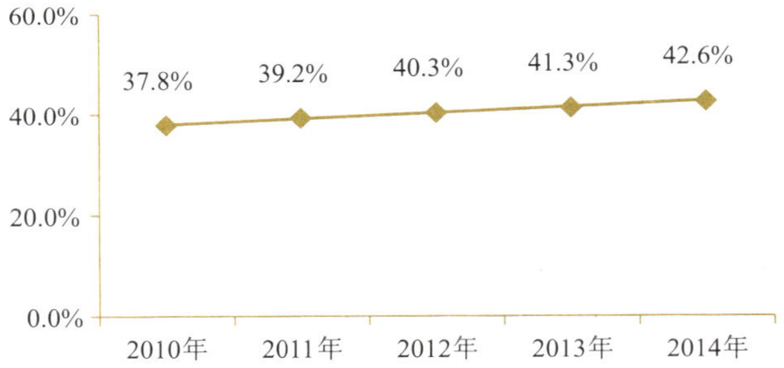

图2－17　2010～2014 年非车队等级费率制度中第 20 级的保费收入比例（对人赔偿责任保险）

（4）限定驾驶员保险合同的变化。随着家庭构成及生活方式等的变化，限定驾驶员的保险合同逐年增长。从限定驾驶员保险合同的具体内容来看，限定投保人本人及配偶驾驶的保险合同占比有所增长，而限定家属驾驶的保险合同占比呈减少倾向（见图 2－18）。

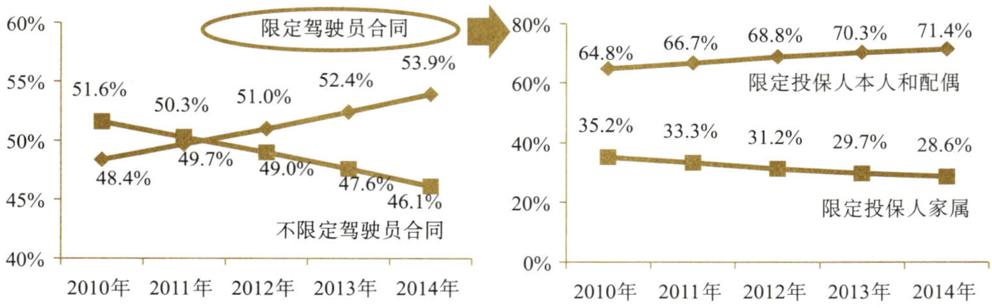

图 2－18　2010～2014 年限定驾驶员合同与不限定驾驶员合同的构成比例（对人赔偿责任保险）

（二）机动车保险赔付支出

2014 年，机动车保险赔付支出达 1.9518 万亿日元，同比减少 1.4%（见图 2－19）。

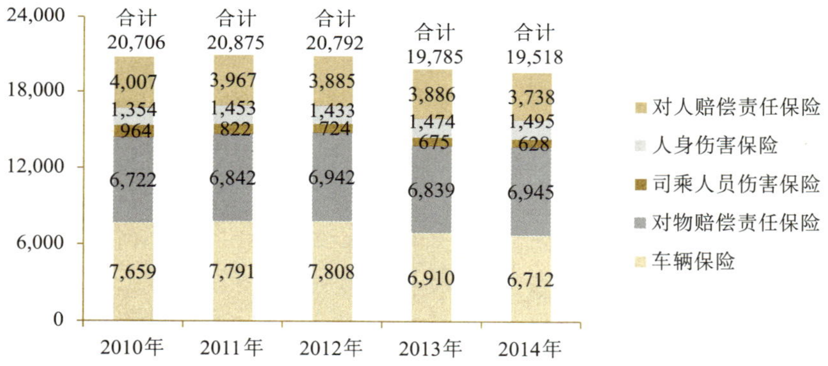

图 2－19　2010～2014 年各险种别保险赔付支出（单位：亿日元）

六、面临的课题

（一）消费税增税带来的影响

2014 年 4 月，日本政府将消费税率由 5% 上调至 8%，并计划于 2017 年 4 月将消费税率再度上调至 10%。虽然机动车保险保费收入并非消费税纳税对象，看起来消费税增税与机动车保险保费之间似乎并没有直接关系，但是保险公司支付的赔款及经费中有一部分需要缴纳消费税。因此，上调消费税率也会对机动车保险带来影响。

1. 对纯费率带来的影响

机动车保险的纯保费应等于所支付赔款，赔款中有一部分费用需要缴纳消费税，因此，一旦上调消费税率，赔款也会随之增加，届时纯保费就会如图 2－20 所示，变得不足。

图 2－20　消费税增税对纯费率带来的影响

纳税对象费用项目根据险种不同而不同，司乘人员伤害保险是定额赔付，因此，受其影响较小，但对物赔偿责任保险和车辆保险中，修理费在赔款中的占比较高，因此，受其影响较大（见表 2－6）。

预计消费税率从 8% 上调至 10% 以后，机动车保险整体的赔付总额将增长 1% 以上（见图 2－21）。

表 2－6　各险种的纳税对象费用项目

	纳税对象费用项目
对人赔偿责任保险	治疗费的一部分、门诊费、附带费用等
人身伤害保险	治疗费的一部分、门诊费、附带费用等
司乘人员伤害保险	仅附带费用
对物赔偿责任保险	修理费、代步车费用、附带费用等
车辆保险	修理费、取得车辆费用、附带费用等

注：（1）收益损失、赔偿金（精神损失）、停业损失等不受其影响。

（2）附带费用是指支付赔款时直接随同发生的费用，包括交通费、通讯费、照相费、银行转账手续费等。

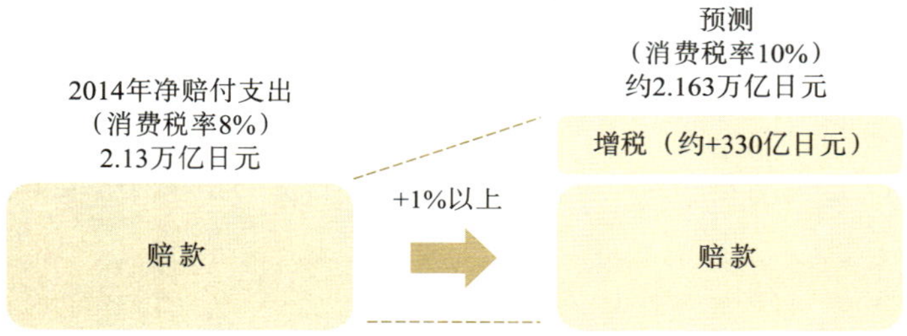

图 2－21　消费税率上调至 10％以后的机动车保险赔款预估额

2. 对附加费率带来的影响

在附加保费中，保险公司的人工费、代理店手续费等都需要缴纳消费税，因此，消费税增税也会对附加保费造成影响。

（二）自动驾驶汽车带来的影响

近年来，随着互联网、物联网、大数据计算、智能控制等技术的快速发展，汽车自动驾驶趋势已经越来越明显。这将对机动车保险带来一定的影响，主要表现在以下三个方面：

第一，驾驶模式的变化将导致一部分机动车保险产品需求量下降甚至消失，并急需专门为自动驾驶汽车定制新型险种。

第二，自动驾驶技术将大大提高汽车安全性能，降低交通事故发生率，短期内会提升汽车保险的利润率，长期看则会慢慢降低机动车保险费率。

第三，投保人将由车主逐渐转变为汽车厂商、科技公司及租车公司，机动车保险的销售模式、盈利模式等需要做出适应性变革。

第三章 日本的交强险制度

交强险在日本的全称是机动车损害赔偿责任保险。日本的交强险制度是根据日本《机动车损害赔偿保障法》制定的全国性强制保险制度。目的就是为了保护机动车行驶中造成人身伤害时的受害人，以及进一步促进机动车行业的健康发展。按照《机动车损害赔偿保障法》，除另有规定外，所有在日本行驶的机动车以及带有电动装置的自行车都必须投保交强险。

一、日本交强险制度的建立

（一）交强险制度的起源

在至今100多年以前的1914年，日本出现了国内最初的汽车保险。在当时，丰田汽车以及日产汽车都还没有诞生。汽车作为高级出行工具仅为极少数有钱人所有。加上从美国及欧洲过来的进口车以及极少数的国内车，总共不过1,000台左右，远未达到普及的程度。当时的汽车保险主要是为了保障汽车这一高档商品本身的损失，与现今的主要是为了补偿交通事故中发生第三者赔偿责任时的损失有所不同。

进入第二次世界大战后的20世纪50年代，日本的汽车数量开始增加，至1953年突破了100万辆。随着汽车的增加，交通事故也在急剧增多。从1950年的33,000件上升到1953年的大约80,000件，仅3年时间就增加了1倍。交通事故的受伤人数达到6万余人，死亡人数首次突破5,500人。对交通事故中的受害人以及死者亲属的救济成了当时最大的社会问题。为此，在1955年，日本首次制定并公布了以广泛救助交通事故中的受害人为目的的《机动车损害赔偿保障法》，并自1956年开始，强制实施。

（二）交强险制度的制定

在日本，最早提出设立交强险制度的构想可以追溯到1935年，由当时的内务部提起。但后来由于第二次世界大战的爆发而中断。战后的1950年又由日本运输部正式提出，并在1952年在运输部内设立了由相关部委、机动车团体、财产保险公司、学者等组成的专业工作委员会。1953年《道路运输法》的修订，进一步加快了交强险法律制度的制定工作。

《机动车损害赔偿保障法》草案在1955年5月完成，同年7月国会通过（法律第94号），10月颁布法案实施令（政令等286号），12月颁布法案实施细则令（部令第66号）。同时，与法案相关的交强险费率也得到日本财政部批准（大藏省告示第466号）。保障内容以实现最基本的救助为主，保险金额与目前相比显得非常低。具体如表3-1所示。

表3-1　交通事故的保险金额

死亡/造成死亡的受伤	受伤		后遗症
	重伤	轻伤	
30万日元	10万日元	3万日元	无

（三）交强险保险与交强险共济

日本的交强险分为交强险保险与交强险共济两种。交强险保险是保险公司销售的交强险，交强险共济是日本农业协会公会（简称 JA）等组织销售的交强险。两者除了销售主体与损害查勘主体不同以外，产品为同一产品，适用的法律、规则以及保费标准、赔偿标准等均完全相同。在事故查勘上，交强险保险的查勘主体是日本财产保险费率厘定机构下设的交强险损害事务所，交强险共济的查勘主体是各公会组织自身（其中部分公会已委托给交强险损害事务所统一查勘）。

二、交强险制度的变迁

为了更好地保障交通事故中的受害人以及为了使制度本身更具合理性，日本的交强险从诞生后至发展自今经过了多次修订。其主要修订内容包括以下几个方面：

（一）保险金额的修订

日本交强险在 1955 年制定之初，死亡最高赔偿限额仅为每人 30 万日元。至于为什么设定为 30 万日元，那是因为考虑了当时的人均收入、物价、铁路事故的赔偿标准以及驻日美军赔偿标准等诸多因素。该标准一直执行到 1960 年 9 月。自 1960 年 9 月以后提高至 50 万日元。在之后又经过了多次修改，目前已提高至每人 3,000 万日元。具体详细修改情况如表 3－2 所示。

（二）提高投保率的制度修订

交强险虽然是以保障道路交通事故受害人为目的，面向所有机动车辆的强制保险制度，但是在制度实施之初，并没有其他相关制度为此提供保障。直到 1962 年出台了将保险与车辆年检相挂钩的配套制度，要求将机动车辆的年检期限与车辆的保险期限统一，同时要求对于无须年检的轻型摩托车需要张贴保险标识的方式才真正落实了交强险的强制投保性。1973 年，轻型摩托车的免年检制度也被取消，从而进一步提高了交强险的投保率。从目前的情况来看，日本

表 3－2　　1955～2002 年交通事故保险金额的变化　　（单位：万日元）

			1955	1960	1964	1966	1967	1969	1971	1973	1976	1985	1991	2002
保险金额	死亡		30	50	100	150	300	500	1, 000	1, 500	2, 000	2, 500	3, 000	3, 000
	造成死亡的受伤				30	50	50	50	80	100	120	120	120	120
	受伤	重伤	10	10	30	50	50	50	80	100	120	120	120	120
		轻伤	3	3										
	后遗症				5～100	7～150	11～300	19～500	37～1, 000	56～1, 500	75～2, 000	75～2, 500	75～3, 000	75～3, 000
	需要护理的后遗症	1 级												4, 000
		2 级												3, 000

的交强险已实现了 100% 投保。

（三）确保公平性的制度修订

为提高交强险投保人的保费负担与交通事故受害人保险赔偿金之间的公平合理性，1970 年废除了自保制度并缩小了交强险适用对象的免除范围。在此之前，如果某个机构的自有车辆达到 200 台以上，且能够证明机构自身具备足够赔偿能力，就可以适用自保制度，不用投保交强险。该制度的废止，提高了交强险的公平性。

（四）其他方面的修改

其他方面的修改还有 1966 年实施的赔偿金先行支付制度，以及针对带有电动装置自行车的强制保险制度等等方面，具体在下面的交强险发展历程中可以窥见一斑。

（五）交强险制度的主要发展历程

日本的交强险制度自 1955 年制定之后，几经修改，走过了漫长的发展历程。

1955年，《机动车损害赔偿保障法》公布。同年12月1日，各保险公司开始销售交强险产品。同时，共同查勘事务所成立。该事务所是法定的交强险损失查勘机构，从1955年12月至1956年1月末的2个月时间内在日本全国各主要城市共开设了53个分支机构。

1962年，为提高交强险的投保率，进行了相关法规的修订，实现了将交强险保险期限与车辆年检期限的统一，规定交强险的有效期限必须涵盖车辆年检的有效期限。同时，要求属于免检对象的轻型摩托车必须张贴保险标识。

1964年，为了进一步落实对受害人的救助，对于有后遗症的受害人，除已有的受伤赔偿外，根据其伤害程度，按照1～12级，另外单独设立保险赔偿。对于受伤死亡的受害人，除已有的死亡赔偿金以外，另外单独设立受伤至死亡期间的伤害赔偿。此外，鉴于以前的轻伤赔偿与重伤赔偿的划分易于产生标准不明了的情况，将其合二为一，不再分别对待。

1966年，为减轻受害人以及被保险人在受害人受伤治疗过程中的经济负担，决定引入先行赔付制度。该制度作为保险公司的自主可选项目，在保险损失金额未确定之前，如果受害人的损失费用超过了10万日元，保险公司以10万日元为单位可以进行先行赔付（2008年废除）。

1967年，对于1964年设立的12级后遗症等级进行了重新划分，增设为14级。

1970年，鉴于一部分医生的过度医疗，决定在当时的机动车保险费用算定会（交强险费率厘定法定机构）内设医疗费用调查室，对过度医疗问题进行调查，确保医疗费用支付的合理性。此外，还进行了其他方面的修改，主要有：（1）新设每日歇业补偿限额标准；（2）废除对于200台以上并具有相应偿付能力机构的交强险免除机制，以及缩小了国家、三公组织（日本电信电话公司、日本专卖局、日本国有铁路公司）、地方政府、在日外国使馆所有机动车的交强险免除范围；（3）对重复保险做出了明确规定；（4）增设了死亡事故需追加保费的内容（2002年废除）。

1973年，统括性保险赔偿支付制度实施。之后，如果索赔既涉及交强险，又涉及商业保险，被保险人仅需向所在商业险保险公司提出索赔就行，不必再单独就交强险提出索赔。

1981年，对涉及神经系统功能、精神以及胸腹部器官机能的后遗症等级划分进行了重新修订。

1992 年，废除了亲戚间赔偿金减额方面的制度规定。

1996 年，允许消费生活协会公会，事业协会公会经营与法定交强险类似的交强险共济业务。日本的相关协会组织与保险公司一样具有了经营相关交强险的权利。之后，全国劳动者生活共济协会联合会、全国机动车共济协会公会联合会等团体陆续开始经营交强险共济业务。

2002 年，废除了政府再保险制度。在交强险实施初期，政府为了转移保险公司的风险以及保护受害人，政府承担了保险公司 60% 的交强险再保险业务。经过多年的发展，保险公司经营实力已经大大加强，为此政府决定废除保险公司的交强险再保险机制。

2008 年，考虑到保险金先行赔付制度在实践中的发现，对于需要长期治疗的，由于在治疗期间就能进行保险理赔，因此，作为制度存在的意义已不大，故废除（作为制度是废止了，但实际操作中仍然存在）。

2010 年，修订了条款中的告知义务、保险给付履行期以及代为补偿等规定。

2016 年，鉴于交通运输车辆法的修改，增设了商品机动车 13 个月至 60 个月保险期的费率标准。

三、现行交强险制度的主要内容

日本的交强险起源于 1955 年施行的《机动车损害赔偿保障法》，是仅仅针对机动车人伤的保险制度。其目的就是为了保护交通事故中的受害人。根据本制度，受害人在交通事故中可以不通过交通事故的加害方，直接向被保险人所属保险公司进行索赔，从而获得基本的损害赔偿保障。该制度自 1955 年制定以来，几经修改，目前的主要内容包括以下几个方面：

（一）投保车辆

按照《机动车损害赔偿保障法》的规定，所有在日本境内行驶的机动车辆都必须投保交强险。但是该法第10条及该法施行令第1条第2项规定的自卫队、联合国军队、驻日美军、外交官的车辆除外。具体为以下4种情况不用购买交强险：

（1）专用于交通道路以外的机动车；

（2）自卫队所有车辆中适用于道路运输法除外对象的车辆；

（3）美国军队运输用车辆；

（4）联合国军队运输用车辆。

（二）保障内容

日本的交强险规定，如果机动车在行驶过程中造成他人伤亡，被保险人（获得保险赔偿的车辆所有人或者驾驶员）因此承担损害赔偿责任时，保险公司对被保险人所负损失予以补偿。这里的车辆所有人包括了租用车辆的使用人、从朋友借来车辆的使用人。需要指出的是，交强险保障的仅仅是交通事故中造成他人人身伤害或死亡的人身事故，不包括物损以及驾驶员自身的伤害，也不包括没有第三者的单车事故。

（三）赔偿限额

为了落实交强险保险赔付工作的迅速、公平原则，在交强险理赔中制定了统一的保险赔付具体标准。因为交强险是以保障受害人的最低限度利益为出发点制定的，因此，标准制定的相对较低。对每人的赔偿限额为（非每次事故的赔偿限额，每次事故是无赔偿限额限制的）：死亡3,000万日元，受伤120万日元，后遗症75～3,000万日元，需要护理的后遗症1级4,000万日元、2级3,000万日元，具体如表3-3所示。

表3-3　交强险的保险赔偿内容和赔偿限额

	赔偿内容	赔偿限额（每人）
受伤	治疗相关费用、资料费、歇业损失、慰问金	最高120万日元

续表

	赔偿内容	赔偿限额（每人）
后遗症	利益损失、慰问金等	神经系统/精神/胸腹部器官有严重伤害留下需要护理照顾时 ● 需要随时照顾时：最高 4,000 万日元 ● 需要不时照顾时：最高 3,000 万日元 根据后遗症程度：1 级（3,000 万日元）～14 级（75 万日元）
死亡	丧葬费、利益损失、赔偿金（本人及遗族）	最高 3,000 万日元
死亡之前的治疗	与受伤同	最高 120 万日元

其中，各项费用的具体规定如表 3－4 所示。

表 3－4　　交强险保险赔偿的各项费用

费用名称	支付内容	支付标准
治疗费	诊断费、手术费、药品费、住院费等	必须、合理、实报实销原则
陪护费	12 岁以下孩子的近亲陪护以及医院认可情况下的住院时的陪护费及在家治疗时的在家陪护费及看病陪护费	住院每天 4,100 日元、在家治疗每天 2,050 日元，如能证明收入减少超过了以上标准，近亲按每日 19,000 日元为限、其他按以当地家政收费标准为限支付。
杂费	住院中所需杂费	原则上每天 1,100 日元
看病交通费	到医院看病所需交通费	必须、合理、实报实销原则
假肢费	假肢、假眼、眼镜、助听器、拐杖等	必须、合理、实报实销原则，眼镜限 50,000 日元内
资料费	交通事故证明、印章证明、居民票等的出具费用	必须、合理、实报实销原则

续表

费用名称	支付内容	支付标准
诊断书等费用	医院诊断书及诊断费用明细表等的出具费用	必须、合理、实报实销原则
歇业损失	由于事故伤害引发的收入上的减少（包括用年假冲抵的情况以及从事家庭内家务的人员）	原则上每天 5,700 日元，如能证明收入减少超过了每天 5,700 日元，按 19,000 为限的实际损失支付
受伤慰问费	对交通事故造成的本人精神及肉体上伤害的补偿	每日 4,200 日元，支付天数按受伤程度及治疗所需天数以治疗期为限确定。
后遗症慰问费	对交通事故造成的本人精神及肉体上伤害的补偿	需要护理后遗症 1 级 1,600 万日元、2 级 1,163 万日元， 及初期费用 1 级 500 万日元、2 级 205 万日元； 不需要护理的 1 级 1,100 万日元 ~ 14 级 32 万日元； 1 ~ 3 级中还随被抚养人员的增加而增加。
死亡慰问费	受害人本人及其父母、配偶及子女	受害人本人 350 万日元、只有 1 名遗族时 550 万日元、2 名时 650 万日元、3 名及以上 750 万日元； 如有被抚养人员再增加 200 万日元
后遗症利益损失费	由于身体残疾造成的劳动能力下降导致的今后收入下降	根据本人收入及后遗症等级确定劳动能力丧失程度，结合丧失期限计算得出
死亡利益损失费	假定受害人没有死亡可能得到的今后收入的总和减去其可能的生活费用支出	根据其收入、今后可能的工作时间以及有无被抚养者计算得出
丧葬费	守夜费、祭坛费、火葬费、墓碑等费用 但不包括墓地及返礼等的费用	原则上按 60 万日元支付，但如能明确证明实际使用的费用超过 60 万日元，在合理基础上按 100 万以内支付

（四）与车辆年检挂钩制度

为落实交强险的强制性，采取了将交强险与车辆年审挂钩的制度设计。对于需要年检的机动车以及250排量以上的摩托车，其在年检时必须提供可以涵盖其整个年检期限的交强险投保证明，否则不予年检。实现交强险与车辆年检的挂钩。而对于不需要年检的车辆则要求将其印有交强险截止日期的保险标识贴于车上指定位置。否则，将不准其在道路上行驶。

（五）重大过失减额制度

日本在交强险制度设立初期，在计算理赔金额时，采用的是严格的民事赔偿责任中的过失相抵原则。也就是说，如果受害人在事故中存在过失责任，则按照过失责任比例扣减相应的保险赔款。举例来说，如果受害人在事故中存在20%的过失责任，则在其赔款中就会被减额20%。但是在后来实践发现，严格的过失相抵原则在确定保险赔偿金额时需要耗费大量的时间，既达不到事务处理的经济性，又与交强险设立的救助被害人的初衷不符，因此之后，就改为了目前的重大过失减额制度。

所谓的重大过失减额制度，简而言之，就是如果受害方在交通事故中所承担的过失责任比例低于70%时，在交强险的保险理赔时，不对受害人的赔款进行扣减，过失责任等于或大于70%时，按不同比例进行扣减的原则（见表3-5）。

表3-5 重大过失减额的具体规定

过失比例	死亡/后遗症赔偿金	受伤赔偿金
70%未满	不减额	
70%及以上	20%减额	
80%及以上	30%减额	20%减额
90%及以上	50%减额	20%减额
100%	不赔偿	

具体来讲，如果受害人在交通事故中受伤，且所需承担的过失责任等于或高于70%而低于100%时，统一减额20%，达到100%即全责时，交强险将不予赔偿。如果受害方在交通事故中死亡或落下后遗症，则按照所承担责任分级减额20%～50%，全责时不予赔偿。在日本，主要的交强险免责事故，也就是受害人需承担全责的交通事故包括：(1) 受害方车辆越过道路中间线行驶；(2) 受害方车辆无视信号灯指示行驶；(3) 受害车辆属于追尾车辆等等。

举例说明如下：

如果受害人在交通事故中受伤，其在事故中需承担的过失责任是85%，损失金额是100万日元，则计算赔款时，由于减额比例20%，其实际得到的赔偿是100万－100万×20%＝80万日元。

如果受害人在该交通事故中死亡，其在事故中需承担的过失责任是85%，损失金额是3,000万日元，则在计算赔款时，由于其减额比例是30%，其实际得到的赔偿是3,000万－3,000万×30%＝2,100万日元。

（六）保险索赔制度

交强险的保险索赔方式有3种：(1) 正式索赔；(2) 过渡金索赔；(3) 先行索赔。

正式索赔是交强险索赔的基本方式。在正式索赔时，必须是在被保险人赔偿责任的有无判断以及赔偿金额确定后才能进行。如果有关赔偿责任的判断以及赔偿金额存在争议时，被害人将会长时间得不到保险赔偿。为此，交强险制度中还设立了过渡金索赔制度与先行索赔制度，以期在正式赔偿之前，减轻被保险人及受害人的经济负担。需要注意的是，从2008年开始先行索赔制度作为法律虽然已经废止，但在实际操作中仍然存在。3种保险索赔方式的具体规定如表3－6所示。

（七）消费者保护

为了保护交强险受害人及被保险人的合法利益，让受害人及被保险人自己能够判断交强险赔偿的合理性，交强险制度规定保险公司在支付赔偿金时需要

表 3－6　　交强险 3 种保险索赔方式的具体规定

	索赔申请人	申请时间	可以申请次数	赔偿对象
正式索赔	加害者及受害人	在有无赔偿责任判断及赔偿额确定后	一次性	所有对人的伤害
过渡金索赔	受害人	在有无赔偿责任判断及赔偿额确定前需要治疗费用等时	仅限 1 次，金额根据受伤程度确定	所有对人的伤害
先行索赔	加害者及受害人	在有无赔偿责任判断及赔偿额确定前，损失超过 10 万日元时	歇业损失/住院杂费/治疗费等发生时可随时申请	除死亡及后遗症外的人伤

同时向被害人或者被保险人书面提供以下资料：

（1）支付标准概要、赔偿手续概要、纠纷处理机构概要（有责赔偿时）；

（2）赔偿金额的判定理由、后遗症等级的判定理由、减额赔偿时的判断理由（有责赔偿时）；

（3）拒绝赔偿时的理由（无责拒赔时）。

除以上资料以外，受害人及被保险人还可以要求保险公司提供其他相关资料。

交强险保险合约属于日本财产保险消费者保护机构的保护对象，如果遇到投保的保险公司出现经营困难破产情况，该机构将全额保障受害人或者被保险人的保险赔款及保险费返还等权益。

除此之外，受害人以及被保险人还可以就交通事故中的相关问题向相关的公立机构进行咨询以及寻求帮助。这些机构包括综合性咨询窗口的（独立行政法人）日本机动车事故对策机构（NASVA）、医疗咨询窗口的日本医疗安全支援中心、高度脑机能损伤咨询窗口的高度脑机能损伤支援机构、交通事故孤儿咨询窗口的（公财）交通孤儿育成基金以及（公财）交通孤儿育英会等。

（八）纠纷处理机制

对于交强险的赔偿，如果受害人或者被保险人觉得不满意时，可以通过（财团法人）日本交强险保险/共济纠纷处理机构进行处理。该机构秉承公正、公立的原则，由专业人士组成，并接受相关机构的监督。该机构通过对所诉案件进行调查后，召集纠纷相关各方进行协调解决。

（九）肇事逃逸及无保险事故受害人救助制度（政府保障机制）

日本交强险在涉及肇事逃逸及无保险事故受害人救助时，是通过政府的保障事业机制来实现的。根据《机动车损害赔偿保障法》，对于不属于交强险赔偿对象的肇事逃逸，以及由无保险机动车辆造成伤害的交通事故中受害人，在其他的社会保险如健康保险、劳动保险以及本来应承担赔偿责任的加害方等赔付完毕后仍存在不足时，国土交通部作为政府的最后救助人，在法定规定的范围内对受害人进行补偿。

政府保障事业的补偿金额依据交强险的支付标准计算，但有权申请人员仅限于受害人，加害方不能申请。如果申请人可以从自身的健康保险、劳动保险等社会保险中得到补偿，则相应金额在政府保障事业机制的支付中将予以扣除。政府在对受害人进行补偿以后，就取得受害人对驾驶员等加害责任人的损失赔偿索赔权，有权向相应责任人索赔。

（十）处罚规定

对于没有按照规定投保交强险的机动车或者带有电动装置自行车，如果被发现在道路上行驶，按规定其责任人将面临劳教 1 年或者罚款 50 万日元、扣 6 分、暂停或吊销驾照等方面的处罚。

四、交强险的运作模式

（一）非盈利原则

交强险作为以救助受害人为目的的强制性保险，经营上采用的是非盈利原则模式。也就是说保险公司在经营交强险过程中不得以营利为目的，而应以实现不应不亏，收支平衡为原则。这在日本的《机动车损害赔偿保障法》第25条中有明确规定。为此，在交强险的费率构成中，其纯费率之外的附加费率中，就没有含有其他商业保险费率中应有的保险公司利润以及代理人利润的部分，因此，相比较而言，交强险具有低费率的特性。

（二）共保机制

目前，日本交强险经营采取的是共保制（也叫共同基金制或基金池制），其全称是机动车损害赔偿责任保险及机动车损害赔偿责任共济共同保险制度。按照《机动车损害赔偿保障法》第28款第4条第1项的规定，所谓交强险的共保就是在交强险经营中，共同收缴保费以及支付赔偿金的方式。根据规定，在日本经营交强险保险的所有保险公司以及经营交强险共济的所有公会组织都是共保体的成员，必须遵循共保体的有关规定。

在日本交强险共保体成立之前，日本交强险保险经营实行的是再保险制度，即经营交强险保险的各保险公司将其交强险业务的60%向政府进行强制分保的制度。在2002年，交强险再保险制度被废除，取而代之的是目前的共同保险制度。根据规定，所有自2002年4月1日起的交强险保险，以及自2006年12月1日起的交强险共济，其涉及保险责任的纯费率部分的保费，也就是保费中扣除代理人手续费以及保险公司经营费用后的纯保费，必须100%全部汇缴到政府指定的TOA再保险公司的特定共保账户中，之后再根据各公司的赔付情况，将赔款从指定账户回拨到各公司及公会。其运作流程如图3－1所示。

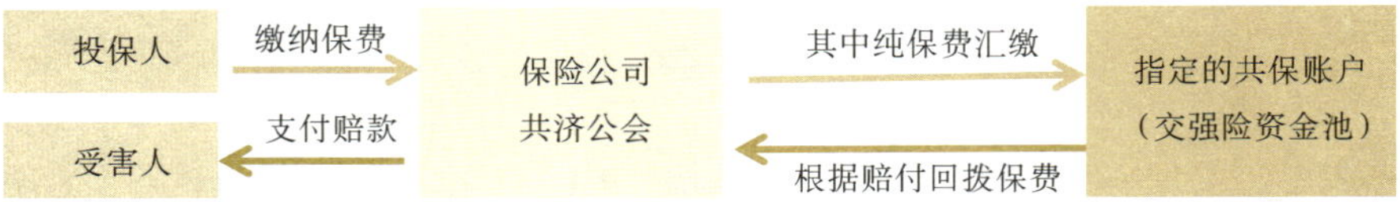

图 3－1　共同保险制度运作流程

对于各交强险经营主体来讲，实现共保制后，虽然其每年汇缴到共保账户的金额有时会高于从共保账户中划回的金额，有时会低于划回的金额，但是通过交强险的共保后，由于构建了各经营主体在经营上平均化或平等化的运作体系，从而达到了交强险不对各经营主体的经营业绩产生影响，风险不向某一主体偏移或集中的目的。举例说明如图 3－2 和图 3－3 所示。

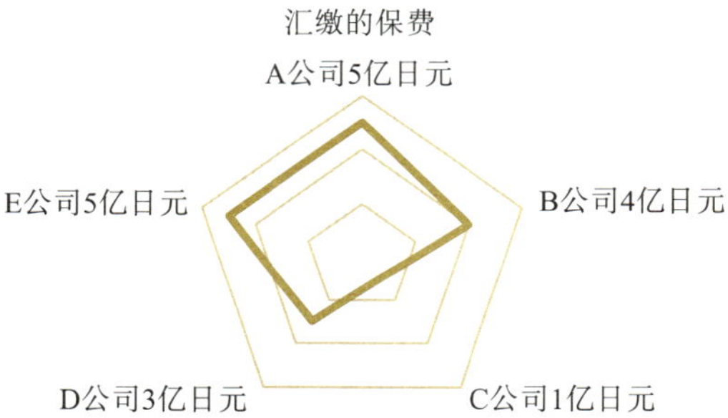

图 3－2　各经营主体向共保账户汇缴的交强险保费

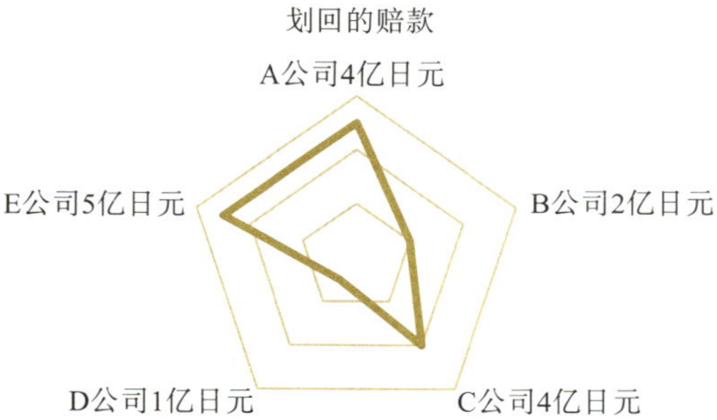

图 3－3　从共保账户划回的赔款

图 3－2 为各经营主体向共保账户汇缴的交强险保费，图 3－3 为从共保账户划回的赔款。从图 3－2 和图 3－3 可见，A 公司当年虽然向共保账户汇缴了 5 亿

日元交强险保费，但当年因为只有4亿日元的赔款支出，因此，从共保账户中只划回了4亿日元。而C公司公司虽然当年只汇缴了1亿日元交强险保费，但由于同样有4亿日元的赔款支出，因此，从共保账户中划回了4亿日元。这样，无论公司A或者公司C承保车辆的风险程度如何，都同样实现了在交强险经营上的不盈不亏。反之，如果没有这一共保体制，则公司A将会盈利1亿日元，而公司C则会亏损3亿日元，既无法实现保险公司在交强险经营中的不盈不亏原则，又有可能导致公司在承保中的出现选择性承保的倾向。

（三）统一的、有区别的与风险匹配的费率制度

日本的交强险费率是由政府指定的日本财产保险费率厘定机构统一制定实施的。该费率厘定机构在费率厘定完毕后需要向日本金融大臣报告，再由金融大臣就该费率是否符合费率厘定的3原则，以及交强险费率厘定的不盈不亏原则做出审核。在得到金融大臣使用许可后，作为日本财产保险费率厘定机构成员的各保险公司在使用前，还需要向有关当局报备。

由日本财产保险费率厘定机构算出的费率称为基准费率。该基准费率即使在厘定时其水准是与当时的社会环境相匹配的，之后，由于环境的变化也会逐渐变得风险与费率不相匹配。因此，为了实现风险与费率相匹配的原则，在日本的交强险费率制度中建立了费率的年度评审制度，对匹配情况每年进行评审。评审结果将向金融大臣报告。金融大臣再将报告转交交强险保险审议会进行审核，如果审核结果确定需要重新厘定费率，则马上开启费率的重新厘定流程。

1. 基准费率厘定的原则

由于交强险是服务于社会的法定保险，因此，在《机动车损害赔偿保障法》第二十五条中对其费率做出了明确的规定，要求其必须是实现在高效经营情况下必需的最低的费率水平，并满足经营上的不盈不亏为原则。因此，在基准费率的厘定上仅考虑了支付赔款必需的纯费率以及经营必需的附加费率两大因素。并将过去经营中出现的累积损益，以及在保费收入与支出的时间差中产生的利息收入一并纳入费率厘定中。

2. 基准费率的构成

交强险基准费率由纯费率与附加费率构成。在纯费率与附加费率中都含有用作机动车损害赔偿保障事业，即交通肇事逃逸与无保险车辆事故救助的政府附加基金，其构成如图 3－4 所示。

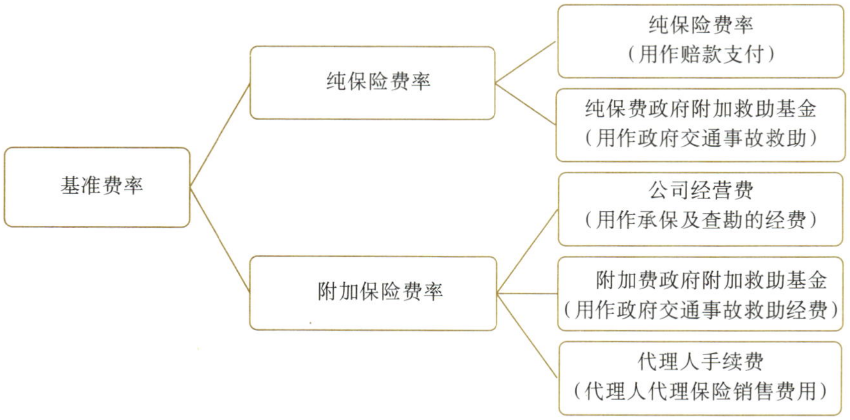

图 3－4　交强险基准费率构成

（1）纯保费的计算。费率厘定机构根据各保险公司上报的投保数据，赔款支付数据以及交强险损害调查事务所收集的有关损害调查的数据，并参考交通事故统计等资料来预测将来的事故发生率以及每次事故支付的赔款，从而计算出纯费率。

（2）附加费率的计算。附加费率依据各保险公司决算数据中实际使用经费的部分为基础，并参考经济统计等数据计算而出。

（3）政府附加救助基金的计算。政府附加救助基金的计算依据《机动车损害赔偿保障事业附加金等金额确定政府令》中确定的计算公式算出。

3. 费率的种类

根据使用地域的不同划分为 4 类，即本土费率、本岛离岛费率、冲绳本岛费率及冲绳岛离岛费率。

按机动车的使用用途、类别等，其费率划分如表 3－7 所示。

表 3－7 机动车按使用用途、类别等进行的分类

按机动车的用途区分	乘用、货车、人货两用
按机动车的类别区分	普通、小型、轻型
按家用及营业用区分	家用、营业用

按照《机动车损害赔偿保障法》的规定，交强险的保险期限必须涵盖机动车的年检期限，据此其费率划分如表 3－8 所示。

表 3－8 机动车按年检期限进行的分类

年检期限 1 年的机动车	按 1～13 个月划分
年检期限 2 年的机动车	按 1～25 个月划分
年检期限 3 年的车辆	按 1～37 个月划分

对于不需要年检的配置有电动装置的自行车则按 12 个月、24 个月、36 个月、48 个月、60 个月 5 个等级划分。

4. 交强险费率的主要重大修改

从交强险费率厘定以来，先后进行了多次大小不同的修改。具体如表 3－9 所示。

表 3－9 交强险费率厘定的历次修改

修改年月日	概要	增减率
1955 年	保险费率初次制定	
1959 年	赔付率上升触发的保费上调	纯保费上调 41.43%
1960 年	保险金额修改触发的费率修改	纯保费上调 12.25%
1962 年	经营费上升触发的费率修改	
1964 年	保险金额修改触发的费率修改	费用保费上调 210.1%

续表

修改年月日	概要	增减率
1966 年	新设离岛费率，新设电动自行车费率，及保险金额修改触发费率修改	
1967 年	保险金额修改触发的费率修改	费用保费上调 13.4%（电动自行车除外）
1969 年	保险金额修改，赔付率上升触发的费率上涨，并规定上涨幅度不得高于 250%	费用保费上调 96.5%
1970 年	1969 年制定的费率上涨幅度 250% 限制废除触发的费率修改	
1971 年	新设培训用机动车费率，将普通货车分为 2 吨以上及 2 吨以下费率	
1972 年	新设冲绳岛费率以及冲绳岛离岛费率，修改营运车费率	
1973 年	将轻型机动车分为年检轻型机动车费率和非年检轻型机动车费率	
1974 年	新设电动自行车及非年检轻型机动车 2 年期及 3 年期费率，修改营运乘用车费率	
1975 年	修改轻型机动车费率及营运乘用车费率	
1977 年	修改营运乘用车费率	
1978 年	保险金额修改触发的费率修改	
1983 年	新设商品车 2 个月期费率，新设家用车（含年检轻型机动车）3 年期费率	
1985 年	保险金额调整及赔付率上升触发的费率修改	费用保费上调 29.0%
1991 年	保险金额调整及赔付率下降触发的费率修改	费用保费下调 8.0%
1993 年	赔付率下降及累计收益利用触发的费率修改	费用保费下调 13.0%
1995 年	新设商品车 4~6 个月期费率，新设电动自行车及非年检轻型机动车 4 年期及 5 年期费率	
1997 年	赔付率下降及累计收益触发的费率修改	费用保费下调 7.7%
2002 年	政府再保险制度废除、保险金额修改触发的费率修改	基准费率上调 14.6%

续表

修改年月日	概要	增减率
2005 年	再保险时期累计结余提转以及累计收益触发的费率修改，新设商品车 7～12 个月期费率	基准费率下调 5.4%
2007 年	新设小型两轮机动车、紧急用机动车以及小型两轮特殊用途机动车 3 年期费率	
2008 年	再保险时期累计结余提转以及赔付率下降、累计结余触发的费率修改	基准费率下调 24.1%
2011 年	赔付率上升触发的费率修改	基准费率上调 11.7%
2013 年	2011 年费率修改时累计结余期满触发的费率修改	基准费率上调 13.5%
2016 年	新设商品车 13～60 个月期费率	

（四）统一的第三方查勘定损机制

由于交强险的强制投保及社会救助性质，要求在保险的定损与理赔上体现公平、均等、合理及迅速的原则。因此，在日本，交强险保险的查勘定损工作统一由政府所属的财产保险费率厘定机构下属的交强险损害调查事务所进行。该机构通过其遍布全国各地的网点设置，秉承公正、迅速、亲切的原则，受保险公司以及公会组织的委托并取代保险公司及公会组织，专业从事交强险的查勘定损工作，其运作流程如图 3－5 所示（各公会组织经营的交强险共济可以自主查勘，也可以自行委托给交强险损害调查事务所）。

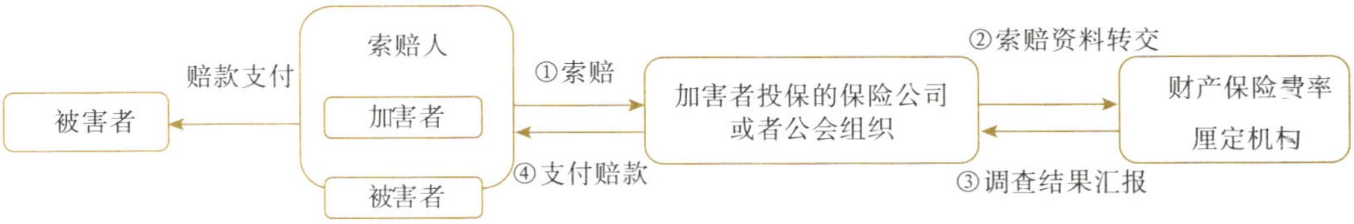

图 3－5　交强险的查勘定损运作流程

五、日本交强险的基本特色

日本交强险经过 60 多年的发展，形成了以下自有特色：

• 强制性保险。按照《机动车损害赔偿保障法》的规定，包括带有电动装置自行车在内的所有机动车都必须投保交强险保险或者交强险共济，如不投保则属违法行为。

• 经营交强险保险的保险公司负有承保的义务。按照《交强险法》第二十四条的规定，除非强制保险车辆投保、投保人没有履行如实告知义务、投保人不缴纳保费等情况外，保险公司不得拒绝承保。

• 为避免风险集中，经营中采用了共保机制。按照规定对于 2002 年 4 月 1 号以后的交强险保险以及 2006 年 12 月 1 日以后的交强险共济，必须将其所有与保单中有关风险部分的保费 100% 全部汇缴到共保资金池。

• 以不盈不亏为经营目标，不以营利为目的。

• 调整举证责任，采用了与无过失责任原则相近的法律制度。在民法中，如受害人申请损害赔偿，则受害人负有对加害人过失的举证责任。而在交强险法中，驾驶人在事故发生后，原则上就负有了赔偿责任，以事实上的无过失责任原则，实现对受害人的救助。

• 规定仅限于“恶意”的情况下才能适用事故免责。《交强险法》第三条规定，交强险事故的免责仅限于加害方能证明其符合免责 3 条件时，才可以免除赔偿责任：（1）被保险人自己以及驾驶员在机动车驾驶过程中不存在疏忽大意；（2）受害方或者驾驶员以外的第三方存在故意或者过失；（3）事故机动车在构造上不存在缺陷或者功能上的不足。

• 受害人有向保险公司直接索赔的权利。按照规定，受害人可以直接向加害方所在保险公司索赔。

• 单一事故赔偿无上限。日本的交强险对每人的赔偿限额做出了规定，如死亡每人限额 3,000 万日元等，但对每一事故则无金额上的上限限制。

• 仅限于人身事故，不对物损赔偿。

- 如受害人存在重大过失，通过重大过失减额制度相应减少赔偿。
- 为了减轻受害人的财务负担，制定了正式赔偿前的过渡金支付制度。
- 为实现保险赔偿的公平与迅速，制定了详细的定量化的支付标准。
- 为体现保险理赔的公平与合理，交强险损害的查勘工作统一交由第三方的政府所属机构负责。
- 制定了救助肇事逃逸及无保险车辆受害人的政府保障机制。
- 制定了统括性保险索赔制度。当加害人除交强险外还投保有商业险时，无论交强险是否在该商业险保险公司投保，该商业险保险公司可以将交强险一起理赔。

六、今后的展望

针对日本交强险今后发展方向的研讨，政府在 2006 年发起设立了“未来机动车损害赔偿保障制度展望恳谈会”，并原则上每年举办一次。以 2016 年为例，恳谈会成员包括了大学教授、报社编辑、全日本机动车产业劳动公会总联合会会长、日本财产保险协会交强险特别委员会委员长、日本医师协会常任理事、全国意识障碍家属会代表、律师等方面的专家。在恳谈会上，各位专家就交强险运作中出现的问题以及今后的发展给出了多方面的建设性意见。目前，日本的交强险制度就是通过这种定期举办恳谈会的方式，不断地发现问题并解决问题，由此构建起不断完善的体制与机制。

另据来自日本《时事通讯社》的最新报道，由于机动车自动刹车装置的普及，以及交通事故率的下降，日本交强险的收支情况近年得到了很大改善，因此，预计从 2017 年 4 月开始，将实施自 2008 年以来首次交强险费率下调，其下调幅度在 7% 左右。举例来讲，如果是投保 2 年期家用车，费率下调后将节约大约 2, 000 日元的保费支出。

第四章
日本的农业保险制度

一、农业保险制度的建立

（一）农业保险制度建立的背景和目的

早在18世纪的江户幕府时期，日本就引进了我国明朝的“设仓”“广惠仓”制度，建立仓储后备，向百姓发放公共救济，进行农业灾害救助，起到了保护农业生产和救荒、济贫的作用。这为后来日本农业保险制度的构建与发展提供了思想基础。

农业是受自然条件影响最大的产业。日本山区多、平原少，地处亚洲季风气候带，是世界上自然灾害特别是气象灾害多发的国家。频发的风灾、水灾、冻灾等自然灾害，经常会给许多地区造成严重的影响。日本农业由于上述自然条件的影响以及分散的小规模经营模式的限制，一旦遭遇灾害就会蒙受很大的损失，而仅依靠农业经营者自身来负担灾害损失则是非常困难的事情。

因此，如何更好地应对灾害、确保农业再生产以及稳定地向国民进行粮食供给，便成了国家的重要政策课题。为了确保受灾农业经营者的持续经营、支持农业生产力的发展，作为农业灾害应对的重要支柱，日本逐渐建立起了农业灾害补偿制度，进行财政支援，在分担灾害风险、提高农户御灾力和稳定农村社会经济方面发挥了重要作用。

（二）农业保险的立法和修订

1929 年，颁布了《家畜保险法》，首次将牛、马、猪等家畜列为保险对象。

1938 年，又制定了《农业保险法》，保障对象已经囊括了水稻、小麦、桑树等农作物，自此，农业保险在日本开始流行起来。

1947 年，日本政府对《家畜保险法》《农业保险法》进行了修订完善，颁布并实施了《农业灾害补偿法》，来支持农业保险事业的发展。该法再一次扩大了日本农业保障对象范围，并增加了多个畜禽及农作物险种，将农作物类保险的政府财政支持从原来的 15% 增长至 50%。此外，还将农业产业中的政府职责、农业保险的经营体系、农业保险的操作程序、参保农户的投保权利等内容全部列入该部农业保险法规之中，使该部法规的内容体系较为完善，实际操作高效可行，最终为后期日本政府全面施行农业保险政策提供了重要的法律依据。

1957 年，对以农作物保险为主的法律进行了修改，放宽了强制加入的条件，并允许市、町、村开展农业保险事业。

1963 年，又对以农作物保险为主的法律进行了修订，扩大了合作社的责任范围以及强制加入的范围。

1966 年，对家畜保险制度进行了修改，采用以农户为单位的承保方式，减轻了保费的国库负担。

1973 年，开始实施果树保险。

1979 年，开始实施旱田作物及园艺设施保险，并对相关法律进行了修改。

1985 年，对《农作物保险法》做了进一步修改，根据投保人或区域的受灾实际情况，允许制定相适应的保险费率，下调了农作物保费国库负担比例，放宽了水稻保险强制加入标准。

2003 年，对农作物保险等制度进行了修订，主要是扩大了农户对农作物保险承保方式的选择范围。

二、农业保险制度的内容

（一）农业灾害补偿制度体系的构成

1. 农业互助合作社

农业互助合作社是设在市、町、村一级的或地区性的、由农民组成的基层机构，是开展基层农业互助事业的第一线，农民加入互助合作社的目的在于抵抗灾害或转移部分损失。

2. 农业互助合作社联合会

农业互助合作社联合会（以下简称“合作社联合会”）是在日本都道府县一级设立的互助组织，是地方农业互助合作社与农林水产省之间的中间机构，其最主要的职能便是农业互助保险，形式是农民向农业互助合作社或地方政府的专门机构上缴保费，形成互助关系，农业互助合作社收取农民的保费后以一定比例上缴到合作社联合会，形成保险关系，合作社联合会利用收缴上来的保费，平衡各地方的互助收支，并在重大灾害发生时向地方农业互助合作社拨付互助金（即保险金）。此外，它还负责对地方农业互助合作社进行指导监督，并有融资、担保的职能，是日本农业互助保险事业中不可或缺、承上启下的重要一环。合作社联合会的理事会、会长以及监事会等高层成员，通常由各个农业互助合作社民主选举产生，会长则可向全社会招聘职员，由其负责管理各项业务（见表4－1）。

表4－1　农业互助团体数的推移

	2011年	2012年	2013年	2014年	2015年
农业互助合作社等	258	255	241	211	196
（1）合作社	204	201	187	162	147

续表

	2011 年	2012 年	2013 年	2014 年	2015 年
（2）市町村	54	54	54	49	49
合作社联合会	42	41	38	30	27

注：各年度皆为 4 月 1 日时点的数值。

资料来源：日本农林水产省。

3. 政府（农林水产省）

农林水产省在日本农业保险中所起的重要作用在于出资再保险、指导及监督等，为日本农业互助制定政策和计划，代表国家对整个农业灾害补偿制度提供支撑。

根据《农业灾害补偿法》，只要合作社联合会与当地农业互助合作社在某个互助类型上存在保险关系，即默认需要与农林水产省建立再保险关系。这种具有普遍性和强制性的再保险，成为日本农业互助的最后一道屏障，为整个互助体系的正常运行提供可靠的保障（见图 4 – 1）。

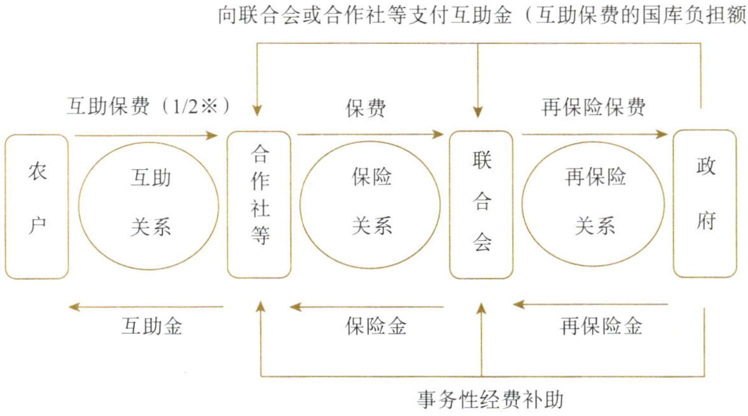

注：（1）根据地区意向，也可在第二阶段实施（特定合作社←→政府）。

（2）国家负担互助保费的约 1/2。

资料来源：日本农林水产省。

图 4 – 1　农业灾害补偿制度的体系

（二）现行农业保险的业务种类及承保方式

1. 业务种类及保险品种

目前，日本开展的农业保险业务，主要有农作物、家畜、果树、旱田作物、园艺设施、非政策性保险六大类（具体如表4－2所示）。

表4－2　日本农业保险的业务种类及保险品种

业务种类	保险品种	投保方式
农作物互助保险	水稻、旱稻、小麦等	强制加入
家畜互助保险	牛、马、种猪、肉猪等	强制与自愿加入并用
果树互助保险	温州蜜柑、夏橙、伊予橘、指定柑橘（八朔柑、甜橘、脐橙、柚子、三宝柑、清见、日向夏等13种）、苹果、葡萄、梨、桃、樱桃、枇杷、柿子、板栗、梅子、李子、猕猴桃、菠萝	自愿加入
旱田作物互助保险	马铃薯、大豆、小豆、芸豆、甜菜、甘蔗、茶、荞麦、甜玉米、洋葱、南瓜、啤酒花、蚕茧等	自愿加入
园艺设施互助保险	特定园艺设施（含附属设施、设施内农作物）	自愿加入
非政策性互助保险	农机具、建筑物及家具类	自愿加入

资料来源：日本农林水产省。

日本政府在确定农业保险品种时遵循以下3项原则：第一，必须是关系民生的重要农产品，如被列为强制性保险的、与粮食安全息息相关的水稻和麦类作物；第二，必须具有可操作性，即必须能确定所选农产品品种的常年产量、价格等，必须有损失评估方法并能够计量受灾率数据；第三，必须是农户有切实需求的，例如，从表4－2可见，家禽类不在业务种类范围内，其原因在于日本禽类生产由企业工厂化饲养与加工，农户散养的很少，因此，农户没有相关需求。

2. 承保方式

以农作物互助保险为例，承保时，可以每块耕地或农户为单位进行承保。按加入方式的不同，互助保险金额、互助保险费及支付的互助保险金亦有所不同。另外，农业互助合作社根据互助规程可以选择多个承接方式，单个合作社成员可选择一笔式或半相抵式；而全相抵式、品质式及灾害收入互助式，则仅限部分合作社成员（可根据出货单等正确掌握产量及产出金额的）选择。具体如表 4－3 和表 4－4 所示。

表 4－3　农作物互助保险的承保方式

互助承保方式	互助标的	模式内容	始赔损失比例	补偿比例
一笔式	水稻 旱稻 麦类	以每块耕地为单位承保，当减产量相对该块耕地基准产量的比例超过农户申请的始赔损失比例时，对减产部分支付互助金。	30% 40% 50%	70% 60% 50%
半相抵式	水稻 麦类	以农户为单位承保，当各减产耕地的减产量合计相对该农户基准产量的比例超过农户申请的始赔损失比例时，对减产部分支付互助金。	20% 30% 40%	80% 70% 60%
全相抵式	水稻 麦类	以农户为单位承保，当农家整体减产量（“总产量”减去“基准产量”）相对该农户基准产量的比例超过农户申请的始赔损失比例时，对减产部分支付互助金。	10% 20% 30%	90% 80% 70%
品质式	水稻	以农户为单位承保，当由于减产或品质低下而导致生产金额相对基准生产金额的比例未达到补偿比例时，支付互助金（此方式仅限于作物全部出货至农协（JA），且在出货单中确认了产量和生产金额的农户）。	10% 20% 30%	90% 80% 70%

续表

互助承保方式	互助标的	模式内容	始赔损失比例	补偿比例
灾害收入互助式	麦类	以农户为单位承保，当由于减产或品质低下而导致生产金额相对基准生产金额的比例未达到补偿比例时，支付互助金。	10% 20% 30%	90% 80% 70%

注：（1）始赔损失比例：即起赔比例，当损失比例超过该比例时方可申请互助金赔付。

（2）每块耕地的基准产量：10 亩的基准产量 × 耕地面积。

（3）基准生产金额：含品质加成因素的平均年生产金额。

资料来源：日本农林水产省。

表 4－4　　2014 年度全国农业互助承保数据

业务内容		承保户数（千户）	承保数量	互助金额（亿日元）	互助保费（亿日元）		
					总额	国库负担	农户负担
农作物互助		1, 537	（千公顷） 1, 755	11, 945	306	157	149
	水稻	1, 490	1, 489	10, 804	187	94	94
	旱稻	0. 2	0. 1	0. 2	0	0	0
	小麦	47	265	1, 141	119	64	55
家畜互助		66	（千头） 6, 278	6, 877	566	273	293
	奶牛等	16	2, 174	2, 975	365	80	185
	肉牛等	47	2, 196	3, 473	177	83	94
	马	2	21	193	6	3	4
	种猪	0. 8	193	90	3	1. 2	2
	肉猪	0. 6	1, 693	146	14	6	8
果树互助		65	（千公顷） 40	983	43	21	21
	产量	63	39	932	42	21	21
	树体	2	0. 9	52	0. 5	0. 3	0. 3

续表

业务内容	承保户数（千户）	承保数量	互助金额（亿日元）	互助保费（亿日元）		
				总额	国库负担	农户负担
旱田作物互助	78		1,959	132	73	60
农作物	78	（千公顷）282	1,958	132	73	60
蚕茧	0.3	（千箱）2.7	1	0.03	0.01	0.01
园艺设施互助	214	（千公顷）24	4,558	56	28	28
合计	1,960		26,323	1,103	552	551

注：（1）表内数值为截至 2015 年 12 月 31 日时点的速报值。

（2）家畜互助及园艺设施互助为年度数值。

（3）“承保户数”方面，农作物互助为互助标的实际户数（仅小麦为总户数），果树互助及旱田作物互助分别为各互助标的实际户数合计数，家畜互助为各承保期间（普通 + 短期）的合计数，园艺设施互助为按设施分类的合计数。

（4）因数值按四舍五入计算，故合计数值与细目数值可能会有些许出入。

资料来源：日本农林水产省。

例如，按一笔式投保水稻，农户可选择的始赔损失比例为 30%、40%、50%，相对应的补偿比例分别为 70%、60%、50%。当遭遇自然灾害时，根据每块耕地的实际损失比例以及投保时所选择的始赔损失比例，对受灾农户进行补偿。例如，农户选择始赔比例 30% 的一档投保，如果该农户受灾比例超过 30%，则受灾部分获得 70% 的赔偿。

（三）国库负担

农业灾害补偿制度是以农户之间的互助为根本的，因而农户等需要以互助保险费的形式承担义务。然而，由于日本的农户经营规模较小、事先缴纳大额费用具有一定困难，并且农作物等互助保险采取的政策是无论农户有无加入意愿、只要耕作面积达到一定规模以上，均须强制加入，因而法律规定，对于应由农户等承担的保险费，由国库负担一定比例，负担比例原则上为50%（按业务内容稍有不同，如表4－5所示）。也就是说，农户实际只要支付一半互助保费即可。但对于非政策性互助保险，国库则不负责分担。另外，国库补贴的农业保险事业费可达互助合作社、联合会经常性事业费的50%左右。

表4－5　　　　国库对农业保险的负担比例

业务种类	国库负担比例
农作物互助保险	水稻、旱稻：50%
	麦类：基准保险费率3%之内的部分，国库负担50%；超出基准保险费率3%以上的部分，扩库负担55%
家畜互助保险	50%（猪为40%）
果树互助保险	50%
旱田作物互助保险	55%（桑蚕为50%）
园艺设施互助保险	50%

资料来源：日本农林水产省。

国库补贴这些费用的原因在于，农业保险与一般财产保险相比，保险费率过高。例如，旱稻、麦类、水稻的全国平均保险费率分别为18.658%、11.578%、2.755%（如表4－6所示），是建筑物火灾（约为0.05%）的数十倍乃至数百倍。同时，农业保险运作经费若由农户自己负担，就很难使其愿意加入互助合作社，况且，确保粮食安全也是政府的职责之一，因此，国家在财政预算内补贴上述费用是必要的。

表4－6　　　　全国平均农业保险费率

业务种类	保险品种	保险费率（%）
农作物互助保险	水稻	2.755
	旱稻	18.658
	麦类	11.578

续表

业务种类		保险品种	保险费率（%）
家畜互助保险		乳牛等	14.137
		肉牛等	5.536
		马	6.819
		猪	16.491
果树互助保险	产量	温州蜜柑	9.020
		夏橙	11.361
		苹果	3.405
		葡萄	5.339
		梨	5.542
		桃	4.554
	树木	—	0.971
旱田作物互助保险		马铃薯	5.345
		大豆	10.222
		小豆	16.181
		甜菜	3.800
园艺设施互助保险		—	1.834

资料来源：日本农林水产省。

此外，鉴于制度运营是由互助合作社等和合作社联合会具体负责的，法律规定，在预算范围内，上述组织的办公费用由国库负担，另外，互助合作社等和合作社联合会开展实地查勘定损、自身建设、办公条件改善及充实防灾防损体制所需的经费等，也由国家财政以补助金的方式提供补助（见表4－7）。

表4－7　农业互助相关国库负担预算金额推移表　（单位：百万日元）

国库负担项目	2012年	2013年	2014年	2015年	2016年
互助保费	50,110	50,110	50,110	50,110	50,110
事务性经费	38,685	38,585	38,525	38,425	38,025

资料来源：日本农林水产省。

（四）主要补偿机制

因受自然灾害影响，导致产量比平常年份减少且达到一定比例以上时，首先，需计算出补偿对象的减产量，其次，乘以与农户之间约定的补偿单价，得出应补偿金额，作为互助金予以支付（见图4－2）。

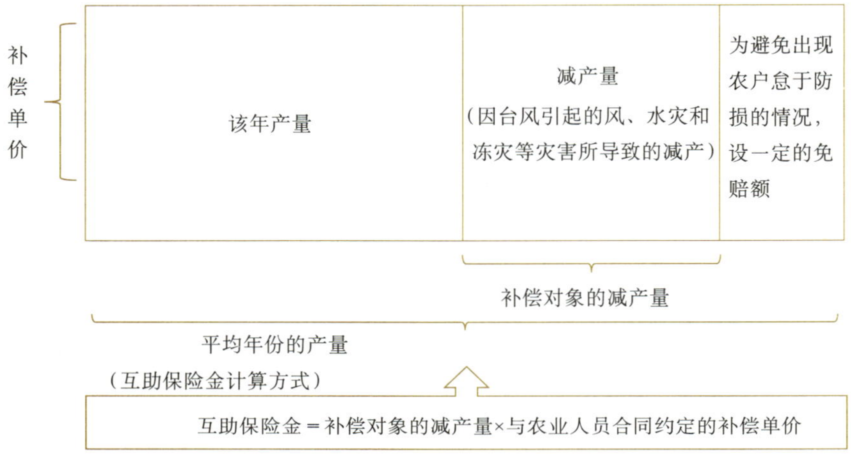

资料来源：日本农林水产省。

图4－2　农业灾害补偿制度的补偿机制

（五）农业互助保险业务的监管

依照《农业灾害补偿法》的规定，互助保险业务由行政机关负责监管。日本农林水产省负责对互助联合会和特定互助合作社的设立审批、业务运营及会计处理、财务状况等进行检查监督，各都道府县负责对互助合作社的设立审批、业务运营及会计处理、财务状况等进行检查监督。行政机关可根据需要，要求互助合作社等提交有关业务运营及会计处理、财务状况的报告，除每年实施一次例行常规检查外，还可以根据情况及其他法律实施检查、审计等，以确保其业务运营的合规性和适当性。对违反行为，行政机关可责令其改正、改选理事等，实施一系列行政处罚。

三、农业保险制度的运行机制

农业保险事业起初是以村落共同体内的“互助”为基础、农户按户出资而组成的社会化服务组织。目的在于减少自然灾害造成的损失，保障个体农户利益和农业的可持续发展。其运行机制由以下3方面构成：

（一）互助加入方式

农业互助加入方式根据项目不同有所不同，且项目内按照不同品目互助加入准入要求也有详细区分，但必须是《农业灾害补偿法》规定的品目才有资格加入互助（在此，以家畜互助为例解释互助加入方式）。

家畜互助，有资格加入的品目为牛、马、种猪和肉猪4种。畜产农户要加入农业互助，首先向所在地农业互助合作社提出申请，家畜互助事业可分为全头数加入的一般互助和单一种公牛、种公马加入的特别互助两种形式。牛原则上出生后或受精后240天以上才有资格加入；马原则上出生年年末；种猪出生5个月后，肉猪出生20天之后且8个月之内进行互助。属于特别互助的种公牛和种公马是出生20天后才允许加入。

米麦互助，分为强制性和任意性，强制性标准以下均可采取任意性加入方式，从发芽期到收获期为一互助阶段。具体如表4－8所示。

果树互助，经营面积为0.05～0.3公顷的农户方能参加，分为果实减收或品质低下的收货互助和树体损伤的树体互助两种。

旱田作物互助，蚕茧要求面积为0.05～0.3公顷且产量为0.25～2箱的农户才能加入。茶叶、大豆、小豆加入按半抵偿方式，其他如马铃薯、甜菜等则按全额抵偿方式加入互助。

园艺设施互助，要求塑料大棚面积为0.02～0.05公顷，玻璃制温室为0.01～0.025公顷方能加入，两种均有者可全部加入互助。

2011年，新增加的农村建筑物互助，分为建筑物火灾互助和自然灾害建筑物综合互助两种，互助责任期限为1年，火灾互助金最高补偿6,000万日元，综合互助最高补偿2,000万日元。

农具互助，分为损坏互助和更新互助两种，价值5万日元以上的新购农具可接受，互助责任期限方面，损坏互助为1年，更新互助为3年。

表4－8　农作物互助保险强制加入基准

适用地区	保险品种	强制加入基准（经营规模）
都府县（北海道以外的地区）	水稻	0.2～0.4公顷
	旱稻、麦类	0.1～0.3公顷
北海道	水稻、旱稻	0.3～1公顷
	麦类	0.4～1公顷

资料来源：日本农林水产省。

（二）损失评估规定

发生灾害而支付互助金时，农业互助事业团体为了掌握损失程度需进行损失评估，这是农业灾害补偿制度运行的重要环节。其评估顺序分为农业互助合作社、合作社联合会和农林水产省3个阶段（如图4－3所示）。

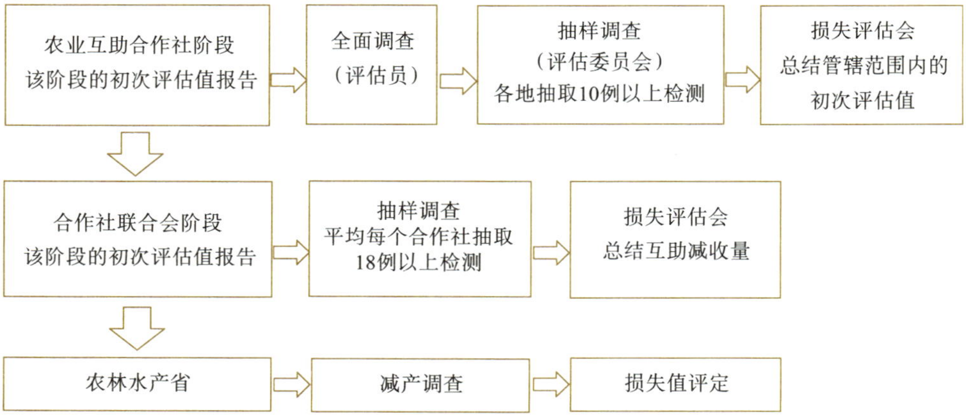

资料来源：日本农林水产省。

图4－3　农业灾害补偿制度的损失评估顺序

农户在遭遇自然灾害受损后，需向农业互助合作社提出申请。农业互助合作社委派评估小组，于2日之内对受灾项目进行检查、测量以及调查、核算当年产量，并向评估委员会报告。评估委员会与合作社职员对该地区受灾情况进行抽样调查（10例以上）和实际测量后，由农业互助合作社召开损失评估会，并做出初次损失评估报告，提交至农业互助联合会。

合作社联合会根据各合作社提交的灾害损失评估报告，再次进行抽样调查、核实后，认定互助减产量，向农林水产省进行报告。农林水产省参考农林水产统计资料，对灾害损失报告考核认定后决定保险金额并向受灾农户进行补偿。

（三）互助金支付方式

根据农业互助加入形式，农业互助事业团体支付保险金时各项目采取不同标准。

1. 农作物互助

（1）一笔式、半相抵式及全相抵式。按标的种类和始赔损失比例，分别针对减产超过基准产量的耕地或农户（一笔式为减产超过3成、4成或5成的耕地，半相抵式为减产超过2成、3成或4成的农户，全相抵式为减产超过1成、2成或3成的农户），按以下方法计算、支付互助金：

$$互助保险金的支付额 = 单位互助保险金额 \times 互助减产量$$

其中，互助减产量因加入方式不同而计算方法各异，具体如下：

- 一笔式：以耕地基准产量为准支付保险金。

$$互助减产量 = 受灾耕地基准产量 - 受灾耕地实际产量 - 受灾耕地基准产量 \times 30\%（或40\%，或50\%）$$

【赔付案例参考】

因发生自然灾害，某水稻耕地减产，且每块耕地都出现超出基准产量一定比例的受灾损失。受灾农户按始赔损失比例 30%、补偿单价 200 日元/千克的条件加入该互助保险。该水稻耕地的标准产量为 500 千克，受灾后该年实际产量为 300 千克。

赔付情况如图 4－4 所示。

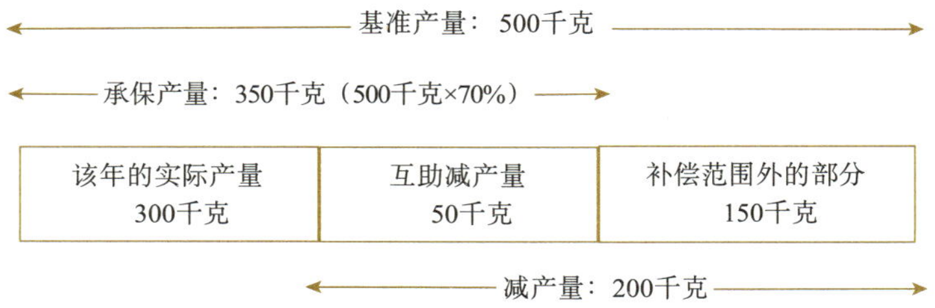

图 4－4　受灾后的赔付情况

互助减产量＝基准产量 500 千克－该年实际产量 300 千克－基准产量 500 千克×30%
＝50 千克

互助金支付额＝互助减产量 50 千克×补偿单价 200 日元/千克＝10,000 日元

资料来源：日本农林水产省。

- 半相抵式：以当地基准产量为标准支付保险金。

互助减产量＝受灾耕地基准产量之和－受灾耕地实际产量之和－农户标准互助产量×20%（或 30%，或 40%）

- 全相抵式：以当地基准产量为标准支付保险金。

互助减产量＝农户基准产量－农户实际产量－农户基准产量×10%（或 20%，或 30%）

（2）品质式及灾害收入互助式。按标的种类，对于按品质调整后的实际产量低于基准产量且生产金额未达到特定农作物互助保险限额的农户，按如下方法计算互助保险金：

> 互助保险金支付额 =（特定农作物互助保险限额 − 生产金额）×（互助保险金额/特定农作物互助限额）

（注：特定农作物互助保险限额分别为基准生产额的 90%、80% 或 70%）

【赔付案例参考】

农户的基准生产金额为 100 万日元，特定产量互助限额为基准生产金额的 80%，即 80 万元。农户选择的互助保险金额为 60 万日元，该年的生产金额减额 50%，即今年的生产金额为 50 万日元。赔付情况如图 4－5 所示。

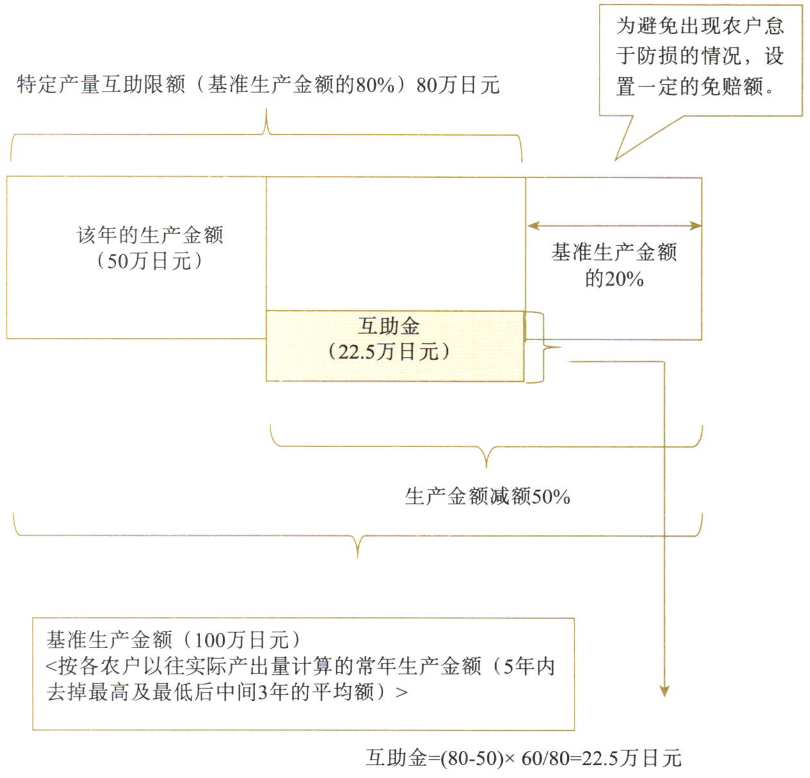

图 4－5　赔付情况

（3）以农户为单位的互助保险金支付特例。在半相抵和全相抵的投保方式下，当互助保险事故导致耕地完全无收获时，如果依据上述算式算出的互助保险金额低于以下算式算出的金额时，可依照下式计算并支付互助保险金。

例如，当始赔比例定为20%（半相抵式）、10%（全相抵式）时：

特例支付互助保险金＝单位互助保险金额×无收获耕地的基准产量×70%（无法发芽或无法移植导致的无收获为35%）

（注：所乘比例数根据始赔比例变动）

2. 家畜互助

家畜互助支付方式与农作物不同，分为死亡事故和伤害事故两种，根据农林水产省的规定标准支付保险金。计算方式如下：

互助金＝损失额×（互助金额/互助价额）

损失额＝事故家畜价额－（皮肉等残存物价值或报废家畜评估额＋补偿金）

互助金支付由农林水产省通过农林渔业信用金库拨款，经“全国互助联合会（再保险金）→互助合作社（保险金）→农户（互助金）”的方式进入农民账户（见表4－9）。

表4－9　　2014年度互助金支付情况

业务内容	受灾数	互助金（百万日元）	再保险金（百万日元）
	（千公顷）		
农作物互助	73	9, 272	899
（1）水稻	59	4, 035	16
（2）旱稻	0. 03	3	1
（3）小麦	14	5, 234	881

续表

业务内容	受灾数	互助金（百万日元）	再保险金（百万日元）
家畜互助	（千头） 399 （千件） 2, 339	26, 785 26, 066	13, 393 5, 170
（1）奶牛	149 1, 285	17, 848 16, 444	8, 924 3, 369
（2）肉食牛	59 1, 032	6, 949 9, 368	3, 474 1, 759
（3）马	1 13	373 196	187 30
（4）种猪	5 8	193 58	97 12
（5）肉食猪	185	1, 422	711
果树互助	（千公顷） 11	3, 005	851
（1）产量	11	2, 965	849
（2）树体	0. 2	40	2
旱田作物互助	（千公顷） 25	6, 840	3, 617
（1）农作物	25	6, 839	3, 617
（2）蚕茧	0. 02	1. 5	0. 4
园艺设施互助	（千公顷） 25	2, 054	164
合计		74, 023	24, 095

注：（1）表内数值为截至2015年12月31日时点的速报值。

（2）家畜互助及园艺设施互助方面为年度数值。

（3）“受灾数”仅农作物互助的小麦为总户数。

（4）家畜互助的上行为死废事故（包括异常事故）的头数，下行为伤病事故的件数。

（5）因数值按四舍五入计算，故合计数值与细目数值可能会有些许出入。

资料来源：日本农村水产省。

四、农业保险制度的特点

（一）制度自身具备优势

农业保险风险较大，因而其赔付率往往居高不下，保险公司很难实现理想的收益。农业保险业务又相对分散，存在较大的道德风险，通常需要消耗较多的管理、经营费用，这就使得保险公司从事该项业务的积极性并不高。相对于欧美国家，日本并不具备很好的生产条件，这无疑增加了日本构建农险互助模式的难度。

从 1929 年起，日本便着手对防范、规避农业灾害构建相应的法律体系。在接下来的数年间，对该体系做出了多次完善。作为日本农业保险法的代表，《农业灾害补偿法》（1947 年）被认为是全球农业保险行业的“试金石”。该法通过探索找到了与农业相适应的互助合作模式，通过三层的组织结构，利用保险与再保险的方式有效分散自然灾害风险，对受灾农户的损失进行补偿，维持农业的稳定经营，为国民提供安全的粮食供给，充分体现出了其独特的制度优势。

（二）政府主导并负担部分费用

日本政府对自身做出了科学的定位，即不直接参与农业保险的经营，政府责任包括提供一定比例的保费和经营费用补贴，建立再保险组合成农业保险体系，以及为农险运行提供有效的制度监督。

第一，日本政府构建了与农业保险相适应的法律体系。日本在对农业保险进行立法时，主要以《农业灾害补偿法》为依据，不断对相关的立法体系予以完善，对农业保险参与主体、政府职责以及险种作出详细的部署。上述工作，有助于保证农业保险运行的可靠性。

第二，日本政府构建了良好的回路系统，对下行予以补贴，向上行转移风险。根据险种的不同类型，政府补贴可分成法定强制和农户自愿两大类，其补贴率存在很大区别。在通常情况下，农户互助可补贴一半的保费，团体及联合会则补贴一半的经办费用。根据日本制定的政策以及联合会提出的不同要求，保险、再保险须由不同的联合会、再保险特别会计两大主体共同予以商定。若发生灾害，则可根据分保比重按照责任金额予以补偿。该套回路系统相对较为清晰、保障力度强且稳定性好，真正彰显了农业保险运行机制自身的特色。

第三，日本政府对保险费、事业费用的主要来源、走向进行控制。保险费，通常只用于投资增值。增值部分则被纳入风险基金，或者向会员返还，为他们提供防范灾害的公共服务，严禁将该部分资金用于保险运营。事业费用一般包括财政补贴、会员手续费及商业险盈余等几部分。该项制度使赔付后能够维持正常的资金流。资金专款专用的基本方式降低了资金违规使用的可能性，而合理的资金利用则能够引导更多的农民积极踊跃参保。

（三）维护农民利益、提高农户参保主动性

致力于维护农民的切身利益，这是日本农业保险运行效率不断提高的根本保障。维护农民利益，提高农户生产的主动性，这是开展农业保险的最终目的。其做法可通过以下几个方面予以体现：

第一，保险费是针对农户而言的，收款方为农户本身，整个过程透明化，农户享有知情权，且能够互相监督，避免资金被非法挪用。

第二，互助保险费通常只用于保险、再保险及投资增值。保险费所得盈余，则通常纳入风险基金或者直接向农户返还，不宜用于事业费。

第三，农户主动参与损失评估环节，并在其中发挥关键作用。基于此，定损过程一般不会引起纠纷。

第四，鼓励为官者兼任和加入组织，使互助组织能够拥有更高的社会地位。

正是日本政府“农益为上”的思想与作风，大大提高了农户参保的主动性。使得农作物保险在全国得到了很好的覆盖，从而也体现出日本农业保险运行机制的内在强大动力。

五、今后的发展方向

据《日本经济新闻》（2016 年 9 月 11 日）报道，作为监管农业灾害补偿制度的政府机构，日本农林水产省决定对该制度进行改革，缩小制度规模，主要用以补偿受灾农作物的损失。改革方案目前有两个：一是将该制度中强制加入部分改为农户自愿加入；二是重组分散在全国各地的农业互助团体。

作为加入 TPP 协议（跨太平洋伙伴关系协定）的应对措施之一，日本政府在制定新保险制度以保证农户收入的同时，还将重新考量现有制度的作用。

农林水产省计划在与自民党就上述事宜进行讨论的基础上，于 2017 向通常国会提出对于《农业灾害补偿法》的修改方案。根据 1947 年制定的《农业灾害赔偿法》，种植水稻、旱稻、小麦、果树或经营养殖业的农户或农业经营者，其种植面积达到一定规模以上的，均须加入农作物互助保险。然而，在带叶蔬菜等农产品的限定问题以及对跌价损失的补偿问题等方面，并未做出明确规定，还有待进一步完善。

TPP 协议正式开始实施后，海外的低价农产品极有可能流入日本市场。为安抚农户，日本政府表示将出台“收入保险制度”。当农产品价格跌落时，向农户支付相当于过去 5 年平均年收入 80% 左右的保险金。当农户因农产品价格因素造成收入减少时，其所有农作物都能获得赔偿。日本政府希望通过此举废除农业灾害补偿制度中的强制加入模式，以便农户能够自由地选择保险产品。

第五章 日本地震保险制度

一、日本地震保险制度的建立

（一）日本地震的分布

众所周知，日本是一个多火山和地震的国家，其国土面积虽然仅为全世界的0.3%，但是地震的频率却占到了全世界地震的20%，日本平均每年爆发的3级以上有感地震便达1,000多次。这主要是由于日本正好位于北美和亚欧两个大陆板块的交界处，而且周边还有太平洋和菲律宾海两个海洋板块。在太平洋一侧存在着很多的海沟和海槽。各板块之间在不停地扩张积压，致使表面地壳的能量不断累积，在一定的时候就会以地震、海底火山喷发等形式释放出来。如下面的日本及其周边的震中分布图（见图5－1）所示，沿着海洋板块向大陆板块下侧俯冲所形成的海沟和海槽，可以一目了然地看到地震的形成情况。随着海洋板块的俯冲，越接近大陆板块的地方震源就越深。图5－2为2006～2015年日本发生的主要地震的震中分布情况，也印证了板块交界处的地震活动最为频繁。

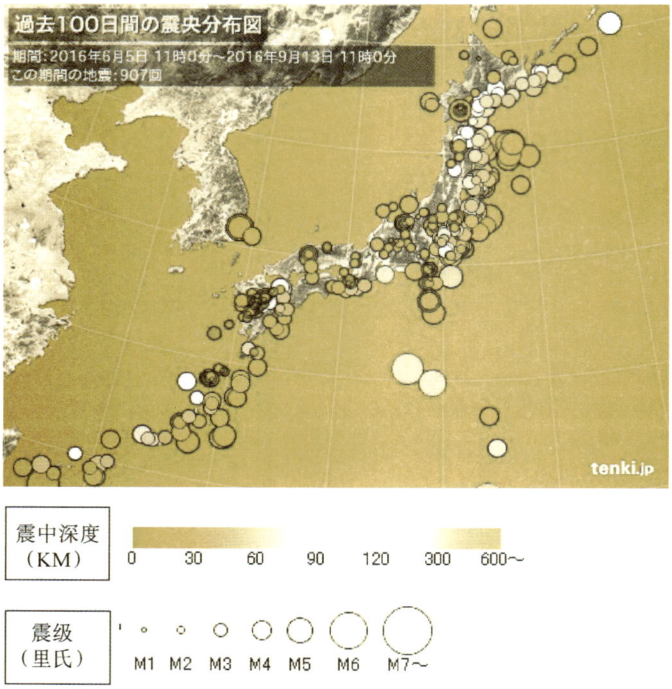

资料来源：日本气象厅网站。

图 5－1　日本及其周边的震中分布图

（2016 年 6 月 5 日至 2016 年 9 月 13 日，100 天）

（二）日本住宅构造的特征以及地震灾害的特征

在日本，很多的民用住宅和小规模的建筑物一般都是采用木质结构。虽然木材具有可燃、易腐、多枝节、强度不定、时间长易形变等诸多缺点，但是木质结构建筑的通风性较好，非常适合日本夏季高温、多湿的气候特点。

日本政府虽然也采取了一系列措施提高建筑物的耐震性和防火性，但是日本仍然还有很多的非防火木质结构和老朽的木质结构建筑。表 5－1 是由日本总务部统计局所做的《2013 年全国住宅、土地统计调查》的结果，可以看出，防火木质建筑物以及由钢筋混凝土建造的建筑物虽然大幅增加，但是非防火的木质结构建筑比例仍高达到 57.8%。

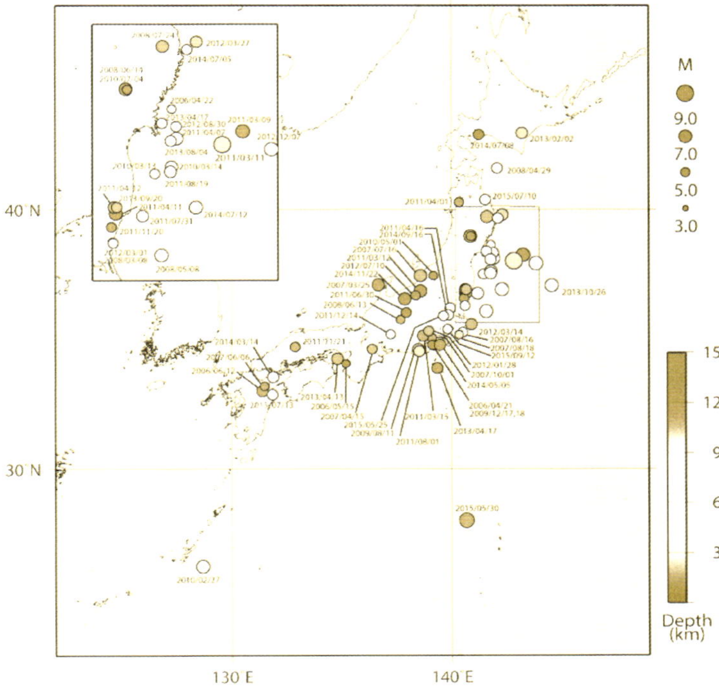

资料来源：日本气象厅网站。

图 5－2　2006～2015 年日本主要地震的震中分布图

表 5－1　　按房屋结构统计住宅数量

	2013 年	2008 年	增加率
木质结构	3, 011 万户 （57.8%）	2, 923 万户 （58.9%）	3.0%
非木质结构	2, 199 万户 （42.2%）	2, 037 万户 （41.4%）	8.0%

注：括号内为占家庭住宅的比例。

资料来源：日本总务部统计局。

一旦发生地震，木质结构建筑物比较密集的地方极可能会发生蔓延式火灾。例如，1923 年日本发生的关东大地震，地震以后的火灾都带来了极大的损失，其中，损毁的房屋达 21.1 万余栋，烧毁的房屋达 21.2 万余栋，给日本关东地区造成了重创。表 5－2 列举了 20 世纪以来日本发生的主要地震以及造成的死亡失踪人数。

表 5-2　　日本 20 世纪以后主要的地震

发生日期	地震名	震级	死亡、失踪人数
2016 年 4 月 16 日	熊本地震	7.3	含前震共死亡 97 人
2012 年 12 月 7 日	三陆冲地震	7.4	死亡 2 人
2011 年 4 月 11 日	东日本大地震余震	7.0	死亡 4 人
2011 年 3 月 11 日	东日本大地震	9.0	死亡失踪约 1.9 万人
2007 年 7 月 16 日	新潟县中越冲地震	6.8	死亡 15 人
2004 年 10 月 23 日	新潟县中越地震	6.8	死亡 68 人
2003 年 9 月 26 日	十胜冲地震	8.0	死亡失踪 2 人
2001 年 3 月 24 日	芸予地震	6.4	死亡 2 人
1995 年 1 月 17 日	兵库县南部地震	7.2	死亡失踪 6,437 人
1993 年 7 月 12 日	北海道南西冲大地震	7.8	死亡失踪 230 人
1983 年 5 月 26 日	日本海中部地震	7.7	死亡 104 人
1978 年 6 月 12 日	宫城县冲地震	7.4	死亡 28 人
1968 年 5 月 16 日	十胜冲地震	7.9	死亡失踪 52 人
1964 年 6 月 16 日	新潟地震	7.5	死亡 26 人
1961 年 8 月 19 日	北美浓地震	7.0	死亡 8 人
1952 年 3 月 4 日	十胜冲地震	8.2	死亡失踪 33 人
1948 年 6 月 28 日	福井地震	7.1	死亡失踪 3,769 人
1946 年 12 月 21 日	昭和南海地震	8.0	死亡失踪 1,443 人
1945 年 1 月 13 日	三河地震	7.1	死亡失踪 2,306 人
1943 年 9 月 10 日	鸟取地震	7.2	死亡 1,083 人
1933 年 3 月 3 日	昭和三陆地震	8.1	死亡失踪 3,064 人
1927 年 3 月 7 日	北丹后地震	7.3	死亡 2,925 人
1923 年 9 月 1 日	关东大地震	7.9	死亡 105,385 人

资料来源：本表根据网络数据由笔者做成。

（三）地震保险制度建立的背景

地震保险是为应对由地震、火山喷发或者由此引发的海啸对建筑物以及家庭财产造成的损失进行经济补偿的一种手段。1964 年 6 月在日本新潟县发生的一场地震可以说是日本地震保险制度建立的正式开端。新潟地震发生以前，在日本曾进行过几次有关建立日本地震保险制度的讨论，但是由于地震的频率和造成的损失均难以把握，造成的损失规模可能会十分巨大，因此，地震保险制度一直未能建立起来。新潟地震发生以后，日本国内要求建立地震保险制度的呼声再度高涨起来，于是日本在 1966 年 6 月以《地震保险相关法律》为准的地震保险制度开始实施。

（四）地震保险制度的变迁

1948 年，日本福井地震造成 3,769 人丧生，36,000 余栋房屋被毁。当时日本政府在考虑到提供保障以及将理赔金额控制在合理范围内的基础上，曾拟定了《地震保险法纲要》，提出政府与保险公司通过委托—代理关系来承保地震保险，最后因为日本产险界反对未能付诸实践。

上面提到，以 1964 年发生的新潟地震为契机，同时，1964 年日本加入经合组织（OECD）也加快了推进地震保险的步伐。1965 年 4 月，日本保险审议会进行了《关于创设地震保险的答辩》，答辩中提到“虽然地震保险一直以来是一个难题，并且尚存在着许多的问题点，但是对这种包含着本质上难题的保险来说，我们与其期待从一开始就制定出一个完美的保险，还不如尽快着手通过具有现实可能性的方案来让地震保险制度起航。”

于是，通过不懈的努力，1966 年 6 月 1 日，属于家庭保险范畴的地震保险终于在日本诞生。地震保险制度实施最初，保险合同限额为建筑物 90 万日元，家庭财产 60 万日元，投保的比例上限为主险保额的 30%，并且仅在发生全损的情况下才进行赔付。当初只能以自动附带于住宅综合保险或者店铺综合保险的形式投保。没有把普通家庭火灾保险作为自动附带的对象保险的原因，一方面是考虑到要确保投保人的选择自由权，另一方面也是为了避免一次地震造成的保险金赔付额过大的情况发生。

1978 年 6 月 12 日，日本宫城县发生了 7.4 级的地震，而根据当时的地震保险制度，只有发生全损的情况才能进行理赔，而在这次地震中有很多房屋发生半损和一部分损失，并不是地震保险赔偿的对象。因此，虽然这次地震发生的损失十分惨重，但是被认定为全损的建筑物仅有 190 栋，支付的保险金也仅为

2.6 亿日元。因此当时日本社会对地震保险的批判非常强烈，认为被保险人的合理权利无法得到保障。于是 1980 年 7 月，地震保险制度在原有全损赔偿的基础增加了半损赔偿。

1987 年 12 月 17 日，日本千叶县东部海域发生里氏 6.7 级地震，地震给整个千叶县地区带来了相当大的损失。1989 年 6 月伊豆半岛东部海域又连续发生多次地震。应社会舆论的要求，1991 年 4 月，日本产险界为了更进一步促进地震保险的普及，将理赔内容又进行了扩充，增加了部分损失的承保。

1995 年的阪神大地震之后，为了使地震保险更具吸引力，进一步改善地震保险理赔内容的呼声再度高涨。1996 年 1 月，日本政府又对地震保险制度进行了修订，不仅提高了承保限额，而且还重新对保险费率进行了调整。另外，阪神大地震中发现，建筑物根据其结构以及建筑年代等不同受损程度也存在很大的差异，于是，应社会舆论的要求，2001 年 10 月日本国土交通部引入了“抗震等级”相关指标，实施抗震性能评价制度，对抗震性能不同的住宅及其所容纳的家庭财产给予不同的保险费率折扣。

2011 年 3 月 11 日，日本发生了里氏 9.0 级的 3・11 大地震，给日本东北地区造成重创。日本财务部成立了“地震保险制度相关项目小组”，对地震保险制度的整体修订进行探讨，目前仍在进行当中（见图 5－3）。

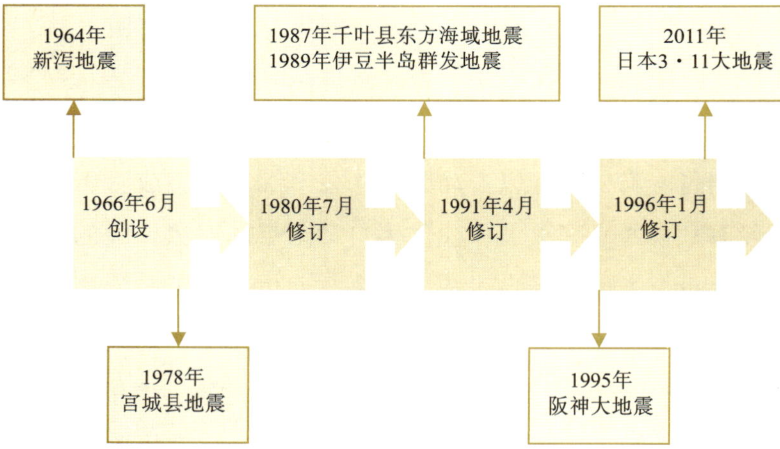

资料来源：本图根据地震再保险公司相关资料由笔者做成。

图 5－3　日本地震保险制度的变迁

二、地震保险制度的内容

（一）保险标的

日本现行地震保险的保险标的为民用居住建筑物以及生活用动产（以下称“家庭财产”），但是其中不包括单个或一套的价格超过30万日元的贵金属、宝石、古董、货币、有价证券（支票、股票、商品券等）、存折、印花税、邮票以及机动车等。

（二）投保方法

地震保险不能单独投保，必须要附带于火灾保险才能进行投保。火灾保险作为主保单，原则上地震保险以自动附带于火灾保险，如果投保人不想投保地震保险，则只需在投保单上注明即可。

值得注意的是，根据《大规模地震对策特别措施法》的规定，当地震警戒宣言发布后，保险公司原则上不再予以承保。但是，若该保单的投保人以及保险标的与警戒宣言发布前已投保的地震保险相一致，且保险金额未高于之前的地震保险保单的情况除外。

（三）保险金额

根据地震保险相关法律规定，地震保险的保险金额可以在其主保单火灾保险金额的30%～50%之间任意设定，但是，建筑物以5,000万日元，家庭财产以1,000万日元为最高限额。

（四）保险金赔付的计算方法

投保的建筑物和家庭财产在地震中发生的损失分为全损、半损和部分损失，根据损失的程度不同，赔偿的标准也不同，如果损失的程度没有达到部分损失的标准，则不赔偿任何保险金（见表5－3）。赔偿的标准如下：

（1）发生全损：向被保险人支付地震保险的保险金额全额（100%）。

（2）发生半损：向被保险人支付地震保险保险金额的50%。

（3）发生部分损失：向被保险人支付地震保险保险金额的5%。

表5－3　全损、半损以及部分损失的认定标准

全损：赔付保险金额100%	
建筑物	主要结构（地基、梁柱、房顶、墙壁等）的损失金额占建筑物时价的50%以上，或者建筑套内面积的70%以上遭到冲毁或烧毁。
家庭财产	损失金额超过时价的80%以上。
半损：赔付保险金额50%	
建筑物	主要结构的损失占建筑物时价的20%～50%，或者建筑套内面积的20%～70%遭到冲毁或烧毁。
家庭财产	损失金额占时价30%～80%。
部分损失：赔付保险金额5%	
建筑物	主要结构的损失占建筑物时价的3%～20%，或者遭到地板浸水或浸水水位超过地面45厘米等损失。
家庭财产	损失金额占时价10%～30%。

注：时价是指从重新建造同样的建筑或者购入同样的物品所需要的金额当中将由于使用产生的消耗部分减掉后得出的金额。

（五）保险金的总赔偿限额

按照地震保险相关的法律的规定，政府和保险公司对一次地震造成的损失所支付的保险金总额有一定的上限。

如果应支付的保险金总额超过了保险金支付的最高限额，则每份地震保险保单都要按照以下公式来计算保险金，进行相应的减额。

$$\text{支付的保险金} = \text{应支付的保险金} \times \frac{\text{保险金总赔偿限额}}{\text{应支付的保险金总额}}$$

三、地震保险制度运行机制

（一）地震保险基本费率如何确定

地震保险的基本费率是由“纯保险费率”和“附加保险费率”构成。纯保险费率是指事故发生时由保险公司所支付的相当于保险金所占的部分。附加保险费率则是指由损失查勘以及保险合同相关的事务处理所花费的“公司费用”，以及保险公司向保险代理店支付的“代理店手续费”所占的部分（见图5－4）。

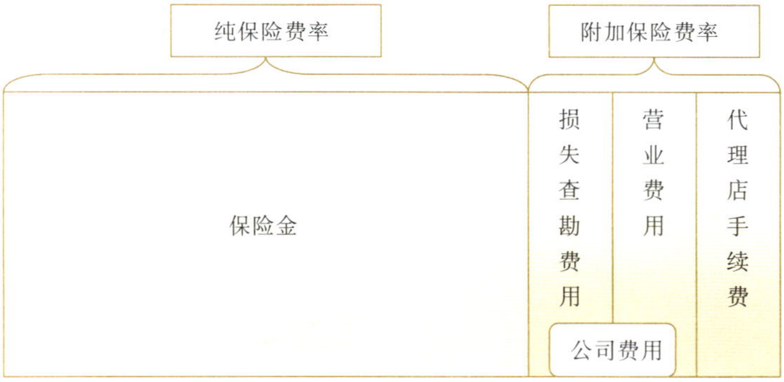

资料来源：本图根据日本财产保险费率厘定机构相关资料由笔者做成。

图5－4　地震保险基本费率的构成

1. 纯保险费率的计算

地震灾害的特点就是比火灾发生的频率低，且发生时间不规则，另外，如果发生大规模的地震，受灾范围特别大，而且造成的损失也会特别严重。因此，短时间对地震灾害进行观测所得到的数据可以说并不具有代表性。

因此，为了得到更多的数据，日本产险费率厘定机构利用计算机来模拟地震发生，根据各地建筑物的情况、住宅的密集程度以及地面等的特性，来计算针对现存的地震保险合同所需要支付的保险金，从而计算出纯保险费率（见图5－5）。

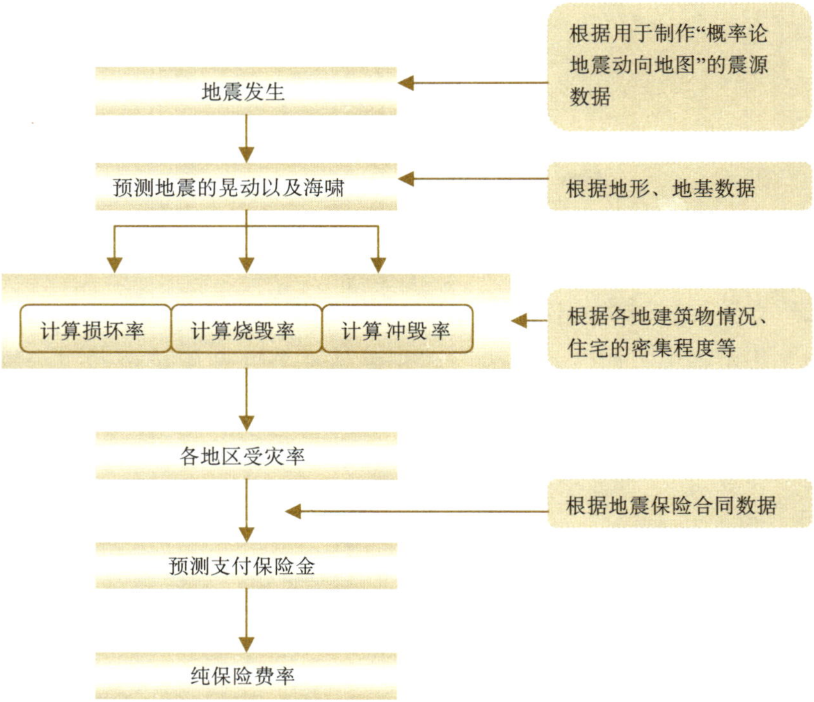

资料来源：本图根据日本财产保险费率厘定机构相关资料由笔者做成。

图5－5　纯保险费率的厘定方法

2. 附加保险费率的计算

附加保险费当中，“公司费用”是指保险公司为了处理地震保险合同相关的事务所需要的经费，以及支付保险金时所需要进行损失查勘等各项费用的合计金额。

“代理店手续费”则是将支付给保险代理店的手续费按照一定的比率提前算进保险费率当中。

（二）地震再保险

地震具有不易预测灾害发生的时间以及频率，难以运用“大数法则”，一旦发生地震，造成的损失可能十分巨大等特点，因此，仅由商业保险公司来进行承保和理赔是十分困难的。在这种情况下，日本政府通过再保险的形式参与为保险公司提供支持显得尤为必要。日本的地震保险从本质上来看，是政府与市场共同作用的模式，在日本称为“官民一体”。正是因为有政府“垫底”，才能使地震保险超越商业保险公司短期收支平衡的束缚，站在超长期收支平衡的角度来进行制度设计，另外，地震保险的保费不计入商业保险公司的利润当中（无亏损、无盈利原则），才能保证向日本国民长期稳定地提供价格低廉的地震保险产品。

这其中不得不介绍的是日本地震再保险公司（Japan Earthquake Reinsurance，以下简称“JER”），它在地震保险的运行机制当中充当着政府与商业保险公司的桥梁和纽带。JER 是根据《地震保险相关法律》规定成立的专门从事地震保险再保险业务的财险公司，是 1966 年由日本商业保险公司投资 10 亿日元共同建立的。

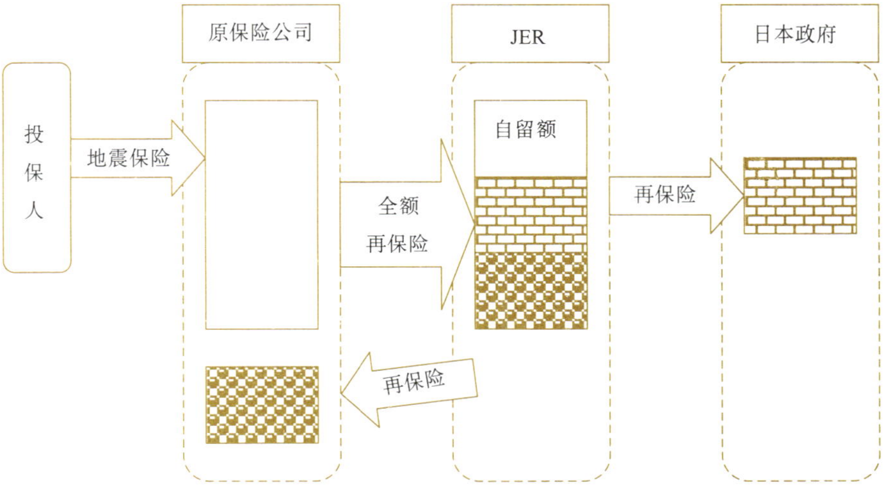

资料来源：本图根据日本财产保险费率厘定机构相关资料由笔者做成。

图 5－6　地震保险的再保险

如图 5 - 6 所示，日本的财产保险公司与 JER 签订再保险特约合同，根据该再保险特约合同，财险公司将承保的地震保险保单全额向 JER 做再保险。JER 将承保的地震保险业务的一部分以“超过损失额再保险方式”向政府做再再保险。除去向政府做再再保险的部分，JER 将余下的地震保险业务的一部分同样以“超过损失额再保险方式”向原保险公司进行再再保险，当然，JER 还会自留一部分。

可以说，JER 作为再保险的提供方，对地震保险再保险的相关业务进行了一元化的处理，同时，JER 也承担了一部分保险责任，当发生造成损失特别巨大的地震灾害时，JER 承担了将风险进行地域以及时间上的平均分配的任务。

（三）地震保险的理赔

前面提到，一次地震所能支付的保险金总额的上限是预先设定好的。目前，日本地震保险的保险金总赔偿限额是 2016 年 4 月 1 日最新修改的 11.3 万亿日元。这一总赔偿限额设定的依据是，假设再发生一次与关东大地震同样规模的地震，足以支付所有被保险人的保险金所需的总额。

那么，进行地震保险的理赔时，政府、JER 以及商业保险公司是如何进行分担的呢？具体如图 5 - 7 所示。

如果一次地震所支付的保险金总额不超过 1,153 亿日元（第一层），则全部由 JER 进行理赔；保险金总额在 1,153 ~ 4,379 日元（第二层）区间，则由政府负担 50%，JER 和商业保险公司共同承担 50%；保险金总额超过 4,379 日元以上（第三层），则该区间的损失由政府承担大半（比例约为 99.7%），余下的部分由 JER 和商业保险公司共同承担。其中在第二层和第三层当中，政府承担后余下的部分均由商业保险公司先承担，JER 顺次承担。从三层累计责任来看，商业保险公司共需承担 398 亿日元，JER 共需承担 2,700 亿日元，政府共需承担约 10.99 万亿日元。

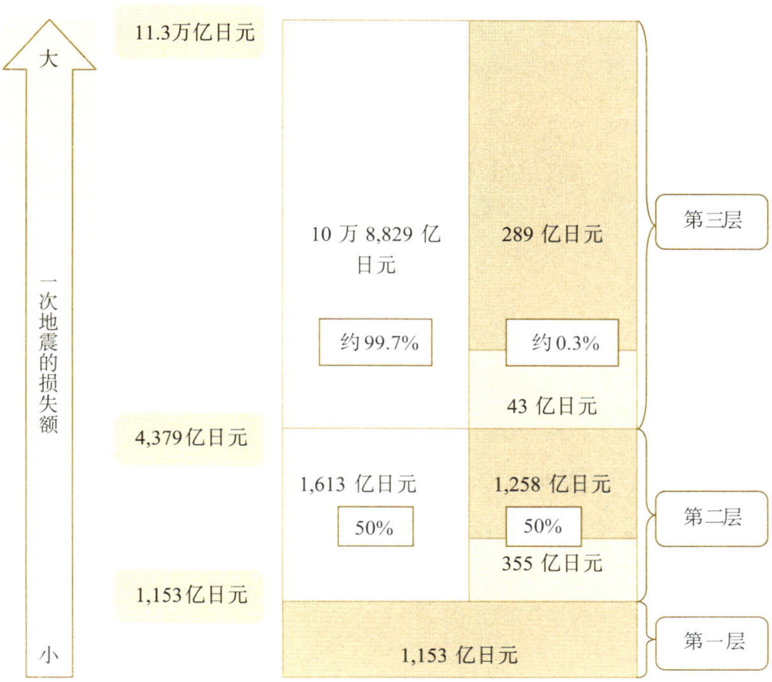

赔偿责任限额

财产保险公司	398亿日元
JER	2,700亿日元
商业保险公司合计	3,098亿日元
政府	10万9,902亿日元
合计	11.3万亿日元

资料来源：本图根据地震再保险公司相关资料由笔者做成。

图5-7 地震保险的理赔分担

四、地震保险制度的特征

（一）“无亏损，无盈利”原则

根据《日本地震相关法律》第五条第一项规定“在收支平衡的范围内必须

将进行政府再保险的地震保险合同的保险费率设定为最低。”因此，日本地震保险费率的设定秉承了排除一切营利目的的“无亏损，无盈利”原则，收取的保费也是将保险合同相关事务处理的费用以及进行保险金赔付时进行定损的调查费用等必要的经费扣除以后全部累积起来，为发生地震进行保险金赔付做准备。

（二）官民一体，政府保障

当地震造成的损失规模较小时，全部由民间商业保险公司进行理赔，但是当损失超过一定规模时，则由政府承担大部分的赔偿。这样的做法在一定程度上保护了民间商业保险公司，同时对地震之后维护整个社会的稳定起到了至关重要的作用。据统计，自地震保险制度建立以来，由政府负担保险金的仅有1995 年 1 月 17 日发生在兵库县南部的地震，人们通常称为阪神大地震。

（三）以立法形式确保地震保险制度的实施

日本的地震保险制度是通过各项法律法规逐步建立并完善起来的。1966 年日本颁布了第一部与地震保险有关的法律《地震保险相关法律》，为地震保险制度奠定了基础。之后日本政府又颁布了一些配套的法令以及实施细则。除此之外，日本政府还对地震的防灾减灾进行了立法，于 1978 年出台了《大规模地震应对特别措施法》，该法律指定了地震防灾对应强化地区，还规定了地震警戒宣言一旦发出，国家、地方自治体、企业、事业所等所应采取的对应措施。1995 年，为了进一步强化地震防灾对应，又颁布了《地震防灾对应特别措施法》。另外，为了帮助遭受例如地震等自然灾害的受灾群众进行灾后生活的重建，日本政府还于 1998 年出台了《受灾群众生活重建支援法》，规定了日本各都道府县要对受灾群众进行基金的给付。

由此可见，日本政府从地震前到地震后，全方位、多角度地进行立法，使地震保险制度的运作能够在法律的角度获得强有力的支撑和维护，同时，也在实践中逐步完善起来。

（四）家庭地震保险与企业地震保险分开

日本的企业地震保险不同于家庭地震保险，是由商业保险公司进行承保，保险费率和承保的限额也是由其自行设定，商业保险公司可以根据费率厘定机构厘定出的费率水平，也可以将本公司风险管理模式一并纳入设定考量。对于企业地震保险，政府仅通过监管发挥作用。地震造成的损失也完全由其承保的商业保险公司进行赔偿，政府并不会参与赔偿。

日本地震保险的目的是“给予地震受灾者生活上的安定”，因此，将家庭财产优先于企业财产进行保障有利于地震后人民生活的稳定恢复。

（五）地震再保险公司（JER）的作用

JER最重要的使命就是在大地震发生时，为了帮助地震保险的被保险人恢复生产生活，对商业财险公司的理赔工作进行支援，迅速并且准确地进行保险金的给付。JER常设“地震对应委员会”，每年定期进行防灾准备以及防灾演习。另外，为了使不断积累起来的保险金在大地震发生时能够快速启用而不给保险金给付带来障碍，JER要在确保资金流动性以及安全性的基础上，对其进行管理和运用。

1. 地震对应委员会的工作内容

JER以日本首都圈直下型地震为假想前提，进行紧急应对，进行再保险金给付演习等训练，按照《地震对应手册》进行检查准备。假设如果JER在首都东京的办公室因受灾无法正常工作，则要确保在临近的埼玉县临时办公室能够完成JER的主要工作。

2. 流动性较高的资产运用

如果日本发生首都圈直下型地震，则有可能需要在短时间内给付高额的保险金。因此，JER通常会将资产运用于流动性较高的国债等评级较高的债券。另外，为了降低由于流动所带来的价格变动的风险，债券多是以短期债券和中期债券为主。

五、地震保险制度的现状与未来

（一）日本地震保险的普及情况

1. 以家庭为单位的参保率以及附带于火灾保险的参保率

日本地震保险制度实施以来，日本经历了很多次的地震灾害，因此，地震保险的参保率也在逐年稳步增加（见表5－4）。虽然说目前日本的地震保险是以自动附带的形式随火灾保险一同进行销售的，但是投保火灾保险的家庭仍有近四成选择放弃投保地震保险。

表5－4　地震保险投保率以及附带率的推移

年度	户数	保单件数	家庭投保率（%）	火灾保险附带率（%）
1994	44, 235, 735	3, 968, 835	9. 0	
1995	44, 830, 961	5, 181, 407	11. 6	
1996	45, 498, 173	5, 975, 416	13. 1	
1997	46, 156, 796	6, 565, 221	14. 2	
1998	46, 811, 712	6, 923, 684	14. 8	
1999	47, 419, 905	7, 325, 847	15. 4	
2000	48, 015, 251	7, 664, 480	16. 0	
2001	48, 637, 789	7, 883, 873	16. 2	33. 5
2002	49, 260, 791	8, 078, 780	16. 4	33. 3
2003	49, 837, 731	8, 564, 002	17. 2	34. 9
2004	50, 382, 081	9, 324, 901	18. 5	37. 4
2005	51, 102, 005	10, 246, 735	20. 1	40. 3
2006	51, 713, 048	10, 775, 335	20. 8	41. 7
2007	52, 324, 877	11, 217, 390	21. 4	44. 0
2008	52, 877, 802	11, 841, 278	22. 4	45. 0

续表

年度	户数	保单件数	家庭投保率（%）	火灾保险附带率（%）
2009	53, 362, 801	12, 275, 087	23. 0	46. 5
2010	53, 783, 435	12, 747, 680	23. 7	48. 1
2011	54, 171, 475	14, 088, 665	26. 0	53. 7
2012	55, 577, 563	15, 050, 169	27. 1	56. 5
2013	55, 952, 365	15, 601, 783	27. 9	58. 1
2014	56, 412, 140	16, 234, 325	28. 8	59. 3
2015	56, 950, 757	16, 809, 257	29. 5	60. 2

资料来源：日本财产保险费率厘定机构。

但是，根据此前财产保险费率厘定机构所做的一项问卷调查结果显示，没有参保地震保险的人当中，有46.5%的人认为投保地震保险“有必要”，未投保地震保险的人当中认为地震保险“保费太贵”的人占60.2%，因此可以说，今后通过科学设定地震保险费率，有望从一定程度上增加地震保险投保率。

2. 普及地震保险的措施

阪神大地震发生以后，从1997年开始，日本产险界利用地震保险准备金的资产运用收益，加强通过媒体来进行广告宣传，各家产险公司也每年都给尚未参保地震保险的人发送地震保险的“简介明信片”。除此之外，产险协会还会向神户市的“人与防灾未来中心”面向地方公共团体负责防灾工作的人员举行的灾害对应专业研修课程安排讲师，也让日本各个自治体帮忙向国民呼吁积极投保地震保险。另外，日本政府每年都会制作普及地震保险的海报，在日本全国各个主要的车站进行张贴宣传。这样，得益于保险业界、政府采取的相应措施以及阪神大地震以后日本国民对自然灾害的危机意识的提高，日本地震保险的家庭投保率逐年稳步增加。

（二）地震保险制度今后面临的问题

1. 地震保险制度能否经受实践的检验

日本3·11地震发生以后，日本国民想通过参保地震保险获得一份安心保障的意识逐步高涨起来。但是，近年来，日本地震专家预测未来30年内日本南海海槽附近发生大型地震以及首度圈直下型地震的概率高达70%左右（见表5－5）。如果发生极大规模的地震，那么地震保险是否真的有能力向被保险人支付保险金，也令很多日本国民感到不安。因此，日本地震保险制度今后如何才能够经受住实践的检验成为地震保险制度亟待解决的问题。

表5－5　预测会发生大地震地区目前的地震保险投保情况

地震名	户数（A）（千户）	保单件数（B）（千件）	投保率（B/A）%	30年内发生地震的概率
关东大地震	25,472	8,232	32.3	约0%～5%
首都圈直下型地震	17,992	5,965	33.2	约70%
南海海槽地震	43,352	13,148	30.3	约70%

关东大地震波及地区：茨城县、枥木县、群马县、埼玉县、千叶县、东京都、神奈川县、山梨县、长野县、静冈县、爱知县

首都圈直下型地震波及地区：茨城县、埼玉县、千叶县、东京都、神奈川县

南海海槽地震波及地区：埼玉县、千叶县、东京都、神奈川县、山梨县、长野县、岐阜县、静冈县、爱知县、三重县、滋贺县、京都府、大阪府、兵库县、奈良县、和歌山县、岛根县、冈山县、广岛县、山口县、德岛县、香川县、爱媛县、高知县、福岛县、熊本县、大分县、宫崎县、鹿儿岛县

注：（1）户数是根据日本总务省的统计（2015年1月1日）。

（2）合同件数是日本地震再保险公司通过假设地震主要波及地区再根据日本产险费率厘定机构2014年12月31日的数据整理而成。

（3）30年内发生地震的概率是由日本政府地震调查研究推进本部制作的“以2016年1月1日为基准日期计算的地震发生概率”，其中关东大地震的概率是指沿相模海槽发生里氏8级地震；首度圈直下型地震概率是指沿相模海槽的板块下沉所带来的里氏7级左右的地震的概率。

资料来源：日本地震再保险公司。

当然，如果政府通过“地震再保险特别会计”进行保管的“政府责任准备金”以及由民间保险公司（包括地震再保险公司）进行管理的“地震保险危险

准备金”（目前的情况如表5－6所示）一直都十分充足的话，那么地震保险制度肯定能够经受起实践的检验。但是如果短时间内连续发生多次大规模地震，地震危险准备金和政府责任准备金双双枯竭的情况发生时，地震保险制度应该如何应对，这是否应该从制度本身的修订来着手？至少应该先着手于如何通过构建制度来避免民间商业保险公司由于地震导致经营破产。

表5－6　2015年末准备金余额

日本政府	13,250亿日元
地震再保险公司	4,645亿日元
财产保险公司	781亿日元
合计	18,667亿日元

资料来源：日本地震再保险公司。

2. 科学合理地设定保险费率，确保可持续性

地震保险从本质上来说是一种互助保险，参保的人越多则保险费率越低廉，但是一味追求低廉的保费，又会影响到地震保险的稳健运营及可持续性，据日本产险费率厘定机构的统计结果显示，2011年度新单投保的火灾保险中，附加投保地震保险的附带投保率首次超过50%，达53.7%。当然，如果在地震保险保单件数增加的同时，再提高保险费率的话是可以保证地震保险制度的稳健运营以及其可持续性。但是，如果是因为南海海槽地震以及首度圈直下型地震等发生概率的提升而产生紧迫性从而需要提高保险费率的话，那么就有必要向日本国民公布保险费率厘定的根据，这也关乎日本世代间公平负担保费的问题。

因此，如何科学合理地设定保险费率，既保证地震保险的普及率又能充足的应对未来发生的风险，是日本地震保险制度面临的又一课题。

3. 根据时代发展及时进行调整

历史的车轮飞速向前的当今日本社会，地震保险制度目前的诸多设定是否还符合实际情况，如何进行及时的修正以及调整也是一个不容忽视的问题。

例如，对于损害程度的区分分为全损、半损和部分损失，这样的设定是否合理，会不会过于宽泛？特别是，如果被认定为半损，则可以得到50%的赔偿，而被认定为部分损失的话，仅能获得5%的赔偿，两者之间的差距是否过大？值得探讨。

还有投保地震保险金额占其主保单火灾保险金额百分比的问题。目前，根据地震保险相关法律规定，地震保险的保险金额可以在其主保单火灾保险金额的30%～50%之间任意设定。做这样的制度设计的初衷是为了控制地震保险的总赔付额，这也是实现地震保险保费低廉化的一个重要的核心构成。但是，随着一些运用了日本最尖端防震技术的建筑物的拔地而起，是否应该探讨将地震保险金额投保比例的上限提高或者取消？甚至或者根据实际情况允许一部分例外的情况。同样，地震保险费率的折扣设定也有同样的问题。

（三）地震保险制度的未来

日本的地震保险制度自1966年诞生以来，不断地得到完善，在日本这个国土面积仅为全世界0.3%，地震频率却占全世界地震的20%的国度里发挥着不可或缺的作用。

日本政府也为完善地震保险做出了很多的努力。1995年阪神大地震发生以前，日本地震保险的家庭投保率一度萎靡不振，为了改善这样的状况，让地震保险更加吸引人，日本政府对地震保险的赔偿内容进行了扩充。这样一来，相当拥有价值1亿日元的住宅的业主在地震中全损可以获得5千万日元的赔付，保险金的总赔偿限额也从当初的3千亿日元提升到11.3万亿日元。另外，还从最初的仅在发生全损的情况下赔付变成了如今的发生一部分损失也可以获得赔偿。这些都得益于地震保险的不断改善、不断充实。阪神大地震发生以后，地震保险的投保率急剧上升，得益于此，相对于阪神大地震783亿日元的赔付总额，3·11日本大地震的保险金赔付达到了1.2万亿日元。

地震保险作为一项消费型保险，如果能够让保费负担能力较弱的人群也能够轻松投保，从而得到相应的保障，这样也许能够赋予地震保险更大的存在价值。

通过政府和民间保险公司共同分担的制度所准备的11.3万亿日元，对日本整个国家来说是弥足珍贵的，这些资金应由属于同一个自助互助框架内的地震保险被保险人共同使用。这也是地震保险的本质所在。地震保险的保险金不仅用作重建家园和重置财产，而且还应该为那些被地震的梦魇所纠缠的孩子们提供必要的保护。

从日本地震保险制度的特点以及运行机制等方方面面，我们也可以看出，日本的地震保险制度仍有很长的路要走。今后，日本会对地震保险制度做怎样设计和修改，不是靠仅仅扩大保障范围来提高投保率就可以的，而是要对前所未有的灾害的到来做好更充分的准备，而是要从政府到保险公司再到社会公众形成共识、同舟共济，才能在对抗自然灾害的道路上走得更远、更有力量。

第六章
日本主要的行业自律性半强制赔偿责任保险制度

除了交强险之外，日本政府几乎没有强制规定企业或个人必须购买某个特定的赔偿责任保险，但实际上加入特定行业团体的企业或个人，都会在行业团体的要求下，投保相应的赔偿责任保险。这些保险基本都是以行业团体为投保人、会员为被保险人的团体保险，它们虽然不是法定的强制保险，但是在行业自律的约束下，会员一般是自动或自觉参保，所以带有半强制的色彩。接下来将就几个主要的半强制责任保险制度进行简单的介绍。

一、SG 标识制度

1973 年 6 月日本政府制定了《消费生活用产品安全法》，并于 10 月成立了“产品安全协会”，其目的就是为了确保因消费生活用产品缺陷导致的人身伤害能够得到相应的赔偿，从而保障消费者的权益。

当时，旧版《消费生活用产品安全法》第六十三条就产品安全协会的业务做出了规定，其中第 1 款第 3 项规定：“从事消费生活用产品的制造、进口或销售业务的企业提出申请后，协会应确认其产品不会对一般消费者的生命或者身体造成危害，并采取相应的措施，确保因产品缺陷导致一般消费者伤亡的情况下，该受害人或者其遗族能够切实地在一定金额范围内获得赔偿。”

该条第 4 款则规定了“对于采取了该措施的产品，应当加上相应的标识”。

以此成立的损失赔偿措施与标识制度便是“SG 制度”。

此后随着 1999 年的修订，与 SG 制度的法律依据相关的条款被删除，但是该制度依然由产品安全协会运营至今。目前协会的主要工作是：

（1）对那些可能因结构、材质、使用方法等而对消费者的人身安全造成危害的消费生活用产品，应制定安全性认定标准，规定安全产品需要满足的条件和要求。

（2）对于符合认证标准的产品，将授予 SG（Safety Goods）标识（见图 6－1）。

图 6－1　SG 标识

（3）运营 SG 标识附带的责任保险制度。该制度仅对人身伤害进行赔偿。

（4）贴有 SG 标识的产品因缺陷导致消费者出现伤亡事故的，协会将通过责任保险制度进行赔偿。

SG 标识制度的对象是消费生活用产品，例如，婴幼儿用品、家具、家庭及厨房用具、休闲体育用具、老年人用品、自行车、吸烟器具等。

由于权威性高，越来越多的产品加入了 SG 认证体系，目前，每年 SG 标识贴标产品多达 1.5 亿种，从产品安全协会成立至今，总共有 244 亿种产品获得认证，覆盖面很广。

贴有 SG 标识的产品均附带有赔偿责任险保障。该保险投保人为产品安全协会，共同被保险人为产品安全协会以及贴有 SG 标识产品的相关企业。当 SG 标识产品发生事故造成人身伤害，受害者最多可以获得 1 亿日元的赔偿金。

二、TS 标识制度

日本交通管理技术协会成立于 1978 年，是日本警察厅的外围组织，主要工作就是研发和普及交通管理相关技术，强化自行车的检查维修等安全利用措施，以防止道路事故发生，确保交通安全。

1979 年随着《道路交通法》的修订，基于保护行人的立场，该协会在日本警察厅的指导下，开始运营 TS 标识制度，TS 的意思为“Traffic Safety”。

该制度的对象为“普通自行车”。所谓普通自行车，是指车身大小和结构在行驶时不影响周边的行人、大概长 190 厘米、宽 60 厘米以下的两轮自行车和三轮自行车。

日本全国有约 2 万家自行车安全维修店，这些维修店都配备了自行车安全维修师，只要是在这些店里购买的自行车，就都贴有 TS 标识。并且，每年自行车安全维修师也会对自行车进行检查维修，合格车辆会贴上新一年的 TS 标识。

TS 标识附带有 1 年期的意外保险和赔偿责任保险。由于保险是附带在 TS 标识上的，因此，无论是车主还是亲友使用时发生的事故，都可以使用该保险进行赔付。

从 1979 年制度起步到 2011 年，TS 标识的发行总量约为 197 万张，共受理事故 335 件。

TS 标识有蓝色和红色两种，如图 6－2 所示。两种颜色的保险责任略有区别。

图 6－2　蓝色和红色两种 TS 标识

保险对象是使用或乘坐贴有 TS 标识车辆的人员。保险期限是从 TS 标识上记录的检查实施日开始的 1 年。

该保险制度的赔偿责任如下：

（一）意外伤害

乘坐贴有 TS 标识的自行车的人员在从事故发生日起算的 180 天以内住院、死亡或者重度残疾的，一律按照表 6－1 中的金额赔偿。

表 6－1　　意外伤害赔偿金额

类型	死亡或者重度残疾（1～4 级）	住院（15 天以上）
蓝标	30 万日元	1 万日元
红标	100 万日元	10 万日元

注：重度残疾的等级以《机动车损害赔偿保障法》中规定的等级为准。

（二）赔偿责任

乘坐贴有 TS 标识的自行车的人员造成第三者死亡或重度伤残，依法负有赔偿责任的，按照表 6－2 中的金额予以赔付。

表 6－2　　针对第三者的赔偿金额

类型	死亡或者重度残疾（1～7 级）
蓝标	1,000 万日元
红标	5,000 万日元（注：2014 年 9 月 30 日修改前的标准为 2,000 万日元）

注：重度残疾的等级以《机动车损害赔偿保障法》中规定的等级为准。

（三）受害者慰问金

乘坐贴有 TS 标识的自行车的人员（肇事者）导致第三者（受害者）受伤住

院 15 天以上，依法负有赔偿责任的，赔付金额为 10 万日元。

受害者慰问金这一项，是 2014 年 9 月 30 日修订之后才增加的，换而言之，就是 2014 年 10 月 1 日之后贴上的红标才有了慰问金。而且目前也仅适用于红标，蓝标车辆没有受害者慰问金。

三、中小企业 PL 保险制度

中小企业 PL 保险制度始于 1995 年。

1994 年《制造物责任法》（简称《PL 法》）实施，使得产品赔偿责任风险成为焦点。

为了减轻中小企业的产品赔偿责任风险，日本商工会议所、日本全国商工会联合会、全国中小企业团体中央会在经济产业省中小企业厅的指导下，共同设立了“中小企业制造物责任制度对策协议会”，创建了“中小企业 PL 保险制度”。

在本制度下，“中小企业制造物责任制度对策协议会”为投保人，由 14 家产险公司共同承保风险。

日本商工会议所成立于 1892 年，是日本各地商工会议所的结合体。与日本经济团体联合会、经济同友会并称为日本“三大经济团体”。该团体的主要工作就是运营职业资格考试（如会计考试）、振兴中小企业、振兴地方经济、振兴产业以及提出政策建议。

日本全国商工会联合会成立于 1962 年，主要工作有提出政策建议、推进创业与管理创新、助力中小零售业发展、振兴地方经济、运营职业资格考试等。

日本全国中小企业团体中央会成立于 1956 年，主要目的就是振兴中小企业发展。

这 3 个团体并称为“商工三团体”。

中小企业 PL 保险制度有三大优势：第一，专为中小企业设计，因此，保费相对低廉。第二，不限于制造业，销售业、饮食业、建筑业等中小企业均可投保。第三，承保件数多。根据 2016 年的资料显示，PL 保险制度运营至今，投保件数5.5万件，赔付事故有1.7万件。现有4种类型可供选择投保（见表6－3）。

表6－3　　4种可供选择的投保类型

投保类型	S型	A型	B型	C型
最高限额（保险期间内，对人对物合计）	5,000万日元	1亿日元	2亿日元	3亿日元
免责金额	每次赔案对人对物的免赔额均为3万日元			

此外，本制度还有特别条款可以任意选择投保。

附带召回费用担保特别条款，属于自由投保。以往能够涵盖召回风险的保险，大多是面向大型企业销售，但是随着召回事故逐渐增多，中小企业的召回保险需求也开始增大。因此，2007年开始该制度新增了这一特别条款。据2016年的最新数据显示，召回费用担保特别条款从推出至今，9年累计投保1.4万件。

召回费用担保特别条款有两种，投保以上任意类型的主险，均可从这两种特别条款中选择投保（见表6－4）。

表6－4　　召回费用担保特别条款

投保类型	充实型		限定型	
最高限额（保险期间中的赔付限额）	3,000万日元	1亿日元	3,000万日元	1亿日元
免责金额	无			

其中，充实型主要对因产品瑕疵导致召回而产生的费用进行赔偿。

例如，报纸、杂志、电视等媒体产生的费用、电话传真等产生的通信费用、回收产品或寄送代替品时产生的寄送费用、暂时保管收回产品产生的临时仓库租赁费用、相关人事出差费用、回收产品的处置费用等。

而且充实型除了对实际引发事故的产品的召回费用进行赔偿，对于可能引发事故的产品也会进行赔偿。

限定型则是仅对产品因质量而导致以下4种重大事故时才会赔付：

（1）死亡、致残；

（2）治疗期间为30天以上的伤害或疾病；

（3）一氧化碳中毒；

（4）火灾导致财产烧毁。

除了应对召回风险的特别条款，还有食物中毒利润担保特别条款。在饮食业、食品制造业、食品销售业因食物中毒而致使营业中断的情况下，如果因此而导致的利润降低，那么该条款就将对此进行赔偿。

四、国立大学综合财产保险制度的综合赔偿责任特别条款

国立大学综合财产保险制度始创于2004年。2003年7月《国立大学法人法》实施，使得国立大学变成了国立大学法人，对保险的需求也日益高涨。在国立大学协会的要求下，日本的产险公司开发了国立大学综合财产保险这一团体险种。

该保险的投保人为国立大学协会，各国立大学法人以及大学共同使用的机构法人均可参保。虽然并未强制参保，但是由于该制度有承保风险完善、价格低廉等优势，因此，实际上目前所有大学均有参与投保。

一般是国立大学向国立大学协会缴纳保费，协会再向该制度的运营单位“国大协服务公司”提交投保申请、缴纳保费，从“国大协服务公司”收取发票。然后，该公司向保险公司提交报告，再由保险公司向协会发行保单和参保证，最后协会再将参保证返回到参保大学手中。

该险种将大学共同的责任险都以财产保险的特别条款的形式，形成一揽子保险，分为4个套餐。

套餐1是财产保险主险加一系列责任险特别条款；套餐2是以保健管理中心为对象的诊疗所赔偿责任保险；套餐3是高管意外伤害险；套餐4为帆船/摩托艇综合保险。其中覆盖范围最大的是套餐1，包含有17个特别条款。套餐1的主险财产保险是必须投保的，其余套餐和特别条款则是由各大学可以根据自身情况选择投保，不过一般大学都会选择投保套餐1的综合赔偿责任保险。具体如表6－5所示。

表 6-5　　国立大学综合财产保险套餐和相关特别条款

套餐	内容
套餐 1	财产保险（主险，必须投保） ①一切险特别条款 ②信息媒体损失赔偿特别条款 ③业务赔偿特别条款 ④综合赔偿责任保险特别条款 ⑤受托物品损失赔偿特别条款 ⑥网络赔偿责任赔偿特别条款 ⑦海外活动赔偿责任特别条款 ⑧学校专门赔偿责任特别条款 ⑨个人信息泄漏赔偿责任特别条款 ⑩个人信息泄漏费用损失赔偿特别条款 ⑪租房赔偿责任特别条款 ⑫设施受害人对应费用赔偿特别条款 ⑬追加被保险人特别条款 （只有投保④后，才可投保⑤到⑬） ⑭工伤综合保险特别条款 ⑮海外风险特别条款 ⑯雇主赔偿责任特别条款 （只有投保⑭后，才可投保⑮和⑯） ⑰国际交流活动对应费用赔偿特别条款
套餐 2	诊疗所赔偿责任保险 医师赔偿责任保险、医疗设施赔偿责任保险
套餐 3	高管意外伤害保险 意外险 天灾风险赔偿特别条款、特定感染病风险赔偿特别条款
套餐 4	帆船/摩托艇综合保险 赔偿责任（必须投保） 船体保险特别条款、乘船人伤害风险担保特别条款、搜索救助费用担保特别条款 竞赛中损失不担保特别条款

其中，综合赔偿责任保险主要是对大学发生事故后，给第三者的生命财产造成损害而发生的赔偿责任风险进行承保。

如大学的设施或设备发生偶然事故、大学所有或管理的电梯发生偶然事故、大学或大学共同使用的法人机构（研究机构、企业、宿舍、室外运动场、博物馆等）生产或销售的产品发生偶然事故，以及大学的教职员工在从事工作时或完成工作后，发生偶然事故，导致第三者的生命财产损失而引发的赔偿责任，均由该保险涵盖。主要特别条款的赔付限额如表 6－6 所示。

表 6－6　　主要特别条款的赔付限额

具体特别条款	赔付限额（可选择不同责任限额投保）	
	赔付限额（保险期间内，每次事故的赔付限额）	免责金额（每次事故的免责金额）
综合赔偿责任	1 亿日元、5 亿日元、10 亿日元、20 亿日元	0 日元、5 万日元、10 万日元、100 万日元、500 万日元、1,000 万日元
受托物品损失赔偿	1,000 万日元、3,000 万日元、5,000 万日元	10 万日元
网络赔偿责任	1,000 万日元、3,000 万日元、1 亿日元	10 万日元、100 万日元、500 万日元、1,000 万日元
海外活动赔偿责任	1,000 万日元、3,000 万日元、5,000 万日元	0 日元、5 万日元、10 万日元
个人信息泄漏赔偿责任	1,000 万日元、3,000 万日元、1 亿日元	10 万日元、100 万日元、500 万日元、1,000 万日元
租房赔偿责任	1,000 万日元、3,000 万日元、5,000 万日元、1 亿日元	5 万日元

续表

具体特别条款	赔付限额（可选择不同责任限额投保）			
	赔付限额（保险期间内，每次事故的赔付限额）			免责金额（每次事故的免责金额）
设施受害人对应费用	死亡慰问金		50 万日元/人	—
	残疾慰问金		50 万日元/人	—
	住院慰问金	7 天以内	2 万日元	—
		8 天到 14 天	3 万日元	—
		15 天到 30 天	5 万日元	—
		31 天及以上	10 万日元	—
	就诊慰问金	7 天以内	1 万日元	—
		8 天到 14 天	2 万日元	—
		15 天到 30 天	3 万日元	—
		31 天及以上	5 万日元	—
	特别补偿保险金		5 万日元	—

五、液化气厂商损失赔偿责任保险制度

该保险制度始建于 1968 年。

1955 年日本液化气开始普及，1965 年 10 月，兵库县发生了液化气运输车翻车事件，随即发生爆炸，造成 5 人死亡、21 人重伤、附近民居等 41 户建筑物全部或半烧毁的重大事故。此后，液化气厂商的损失赔偿责任问题开始进入公众视野，建立液化气赔偿责任保险制度的呼声也日益高涨。

在此背景之下，日本政府于 1967 年 12 月颁布，并于 1968 年实施了《确保液化石油气体的保安及交易适当化法律（下称“液化气法”）》，要求液化石油

燃气销售商必须具备一定的数额以上的赔偿财力。为了确保销售商有足够的赔偿能力，当时的通商产业省提出了销售商在原则上必须投保保险的方针。在通商产业省以及液化石油燃气厂商的要求下，保险公司开发了液化气商赔偿责任保险。

与此同时，“财团法人全国液化气保安共济事业团”也应运而生，最终以该事业团为保险代理人，日联液化气商联合会（现“日本全国液化气协会”）的团体保险制度正式建立起来。

其中，日本全国液化气协会是日本液化气厂商组成的行业团体，2009 年 4 月由日本液化气联合会、全国液化气批发协会、全国液化气站协会合并而成。

而全国液化气保安共济事业团则成立于 1968 年，目的就是为了推动灾害补偿措施的实施，保护消费者权益，同时维护液化气产业的健康发展。该事业团的业务包括：对液化气引发的灾害进行调查研究，开展液化气事故第三方救援业务，开具液化气厂商赔偿责任保险的参保证明，代理销售赔偿责任保险等。

虽然制度建立之初，采取的是强制参保的方式，但是 1998 年 4 月《液化气法》修改之后，便废除了强制参保的规定，因此，也有经销商不加入团体险，而是单独投保的。目前约有 3 万家相关厂商投保该责任保险。

经营液化气的单位在展开业务的过程中或因其业务结果造成他人身体损伤和财产损失，从而背负的法律赔偿责任的，则由该保险进行补偿。

例如，液化气制造工厂的设备发生故障，引发爆炸事故，给附近民宅造成巨大损失的；在对液化气器具进行检查时，因失误而给行人造成人身伤害的；因销售混入异物的液化气而导致使用液化气的汽车发生故障的；由于液化气导管检查疏漏，导致液化气泄漏，给附近居民造成损伤的情况都属于赔偿范围。

该制度下按照经营类别具体分为 4 种保险：

（1）液化气经销商赔偿责任保险；

（2）液化气运输商赔偿责任保险；

（3）液化气站保险；

（4）液化气受托认定保安机构赔偿责任保险。

这 4 种保险的赔付额度都一样，均为对人对物赔偿的合计金额，只是投保机构不同。具体分为 A、B、C 3 种类型（见表 6－7）。

表 6－7　　3 种可供选择的投保类型

类型	每次事故赔付额度	保险期间累计赔付额度	免责金额
A	1 亿日元	1 亿日元	无
B	3 亿日元	3 亿日元	
C	5 亿日元	5 亿日元	

根据全国液化气保安共济事业团 2016 年的最新资料显示，过去 3 年内发生的赔案有 1,579 件。其中赔款最高大约为 2 亿日元，只有 1 件，100 万日元到 1 亿日元的赔案有 57 件，50 万日元到 100 万日元的有 37 件，而 50 万日元以下的赔案占到 94%。

该制度下另外还有综合赔偿特别条款、个人信息泄漏赔偿特别条款可选择投保。

其中，综合赔偿特别条款主要针对零售业和建筑业等的企业，是对液化气相关厂商因非液化气业务而引发的赔偿责任，提供保障。

例如，液化气施工过程中发生爆炸事故导致住宅损毁、销售的食物引发食物中毒、排水管设施施工质量问题引发下水道废水逆流而造成房屋受损等。

该特别条款的赔付限额基本上是 500 万日元，免责金额为 0 日元或 5 万日元，具体视条款而定。

个人信息泄漏赔偿特别条款，根据保额不同，主要分为 5 种可供投保（见表 6－8）。

表 6－8　　个人信息泄漏赔偿特别条款中 5 种可供投保的类型

类型	赔偿责任 赔付限额	费用损失 赔偿限额	免责金额
A	500 万日元	50 万日元	1 万日元
B	1,000 万日元	100 万日元	
C	3,000 万日元	300 万日元	
D	1 亿日元	1,000 万日元	
E	3 亿日元	3,000 万日元	

六、日本食品卫生协会赔偿共济制度

日本食品卫生协会赔偿共济制度始于1972年。

1947年，为防止因饮食而引发的危害，提高公共卫生水平，日本政府制定了《食品卫生法》。受此影响，1948年成立了日本食品卫生协会。

该协会成立以来，通过遍布全国的组织网络，开展食品卫生指导员活动，推进食品相关考试和检查业务，举办讲习会等，为提高食品卫生水平，确立自律管理体制做出了一系列努力。

为了保护协会成员和消费者利益，促进会员的共济互助，该协会创建了“日食协赔偿共济制度”。

该制度是由以该协会为投保人的团体财产保险（包括食品经营者赔偿责任保险、旅馆赔偿责任保险、受托者赔偿责任保险），以及该协会实施的食品营业赔偿共济保险的两部分构成。目前投保企业约有30万家。

该制度下主要有两种共济（保险）模式：“安心食品君（综合食品赔偿共济）”和“食品营业赔偿共济”。

两种共济模式所涵盖的风险有所区别，具体参见表6－9。

表6－9　两种共济模式所涵盖的风险

风险种类	具体风险及可能产生的费用		涵盖范围	
			食品营业赔偿共济	安心食品君
①因提供的食品导致的事故	产品风险（对人）	• 消费者因食物中毒而住院 • 因混入异物导致消费者口腔内损伤	○	○
	产品风险（对物）	• 容器破损，容器内物质泄漏导致消费者的衣物污损	×	○

续表

风险种类	具体风险及可能产生的费用		涵盖范围	
			食品营业赔偿共济	安心食品君
②因开展业务或设施导致的事故	业务风险	• 在店内不小心碰撞到消费者致其受伤 • 送外卖时，自行车撞伤行人	△	○
	设施风险（除漏水风险）	• 店内空调掉落砸伤消费者	×	○
	设施风险（漏水风险）	• 上下水道漏水，导致楼下商铺的商品污损	△	○
③因受托物品或携带的物品而导致的事故	受托风险	• 因失误导致消费者存放在衣帽间的大衣污损 • 保管中的手提行李因失误而被盗 • 存放在收银台的现金被盗	△	○
	携带物品风险	• 消费者的个人电脑在店内被盗	×	○
④因广告和资料等造成的侵权	人格权侵害风险	• 因传单上未经许可使用消费者的照片，而被告侵害隐私权，要求赔偿	×	○
	广告引发的侵权风险	• 因传单使用的图片酷似其他公司的图片，而被告侵权要求赔偿	×	○
⑤因食物中毒事故等造成停业	停业风险	• 设施内发生食物中毒或特定传染病，或极有可能发生食物中毒或特定传染病，因此被政府勒令消毒，而暂时停业所带来的营业损失	△	△
①到④的事故造成的费用	受害者治疗费用	• 被害者死亡、残疾、住院、就诊时需要向被害者支付的慰问金、慰问品和诊疗费	×	○
	产品自身的损失	• 发生食物中毒事故，消费者要求退还费用	×	○
	初期应对费用	• 调查事故原因，或召回、处理产品等产生的费用	×	○
	诉讼应对费用	• 诉讼相关费用	×	○
	消毒费用	• 设施消毒所需费用	×	○
	损失恢复费用	• 为挽回声誉而进行的宣传活动或咨询费用	×	○

注：“○”表示基本条款就能承保的风险；“△”表示需要选择特别条款才能承保的风险；“×”表示非承保风险。

赔付限额如表 6－10 所示。

表 6－10　　保险赔付限额

风险种类	具体风险及可能产生的费用	涵盖范围（保险期间内、每次事故）		
		食品营业赔偿共济		安心食品君（综合食品赔偿共济）
		全面保障	普通保障	
（1）因提供的食品导致的事故	产品风险（对人）	赔付限额 1 亿日元	赔付限额 5,000 万日元	赔付限额 1 亿日元 免责金额 0 日元
	产品风险（对物）	免责金额 3,000 日元	免责金额 3,000 日元	
（2）因开展业务或设施导致的事故	业务风险	赔付限额 1,000 万日元 免责金额 3,000 日元		
	设施风险（除漏水风险）			
	设施风险（漏水风险）	—		
（3）因受托物品或携带的物品而导致的事故	受托风险	赔付限额 100 万日元 免责金额 3,000 日元		赔付限额 1,000 万日元 每位受害者为 50 万日元 免责金额 0 日元
	携带物品风险	—		
（4）因广告和资料等造成的侵权	人格权侵害风险	—		每位受害者 100 万日元 保险期间内限额为 1,000 万日元 免责金额 0 日元
	广告引发的侵权风险			
（5）因食物中毒事故等造成停业	停业风险	赔付限额：投保套餐的赔付限额（实际年毛利润的 1/12） 免责金额：0 日元		

续表

风险种类	具体风险及可能产生的费用	涵盖范围（保险期间内、每次事故）		
		食品营业赔偿共济		安心食品君（综合食品赔偿共济）
		全面保障	普通保障	
（1）到（4）的事故造成的费用（均无免责金额）	受害者治疗费用			（每次事故每位受害者的限额） 死亡、重度残疾：50 万日元 住院：10 万日元 就诊：3 万日元 保险期间内限额为 1,000 万日元
	产品自身的损失			每次事故限额 100 万日元 保险期间内限额为 1,000 万日元
	初期应对费用	—		每次事故限额 1,000 万日元
	诉讼应对费用			每次事故限额 100 万日元 保险期间内限额为 1,000 万日元
	消毒费用			每次事故限额 500 万日元 保险期间内限额为 1,000 万日元
	损失恢复费用			每次事故限额 100 万日元 保险期间内限额为 1,000 万日元

当发生事故后，企业除了可以获得表 6－10 中的责任险赔款（保险公司支付的赔款），还能获得额外的共济金，即日本食品卫生协会支付的特别费用。

共济金数额是（1）、（2）、（3）、（5）风险获得的赔款金额的 10%，但特别费用也有上限，为 1,000 万日元。

七、日本医师会医师赔偿责任保险制度

日本医师会医师赔偿责任保险制度始创于 1973 年，主要由日本医师会来运营。

日本医师会最早成立于1916年，当时的名称为“大日本医师会”，1947年改名为日本医师会，目前拥有会员16.7万人。日本医师会的会员分为以下几种，具体如表6－11所示。

表6－11　日本医师会的会员分类

种类	定义	是否参保
A①会员	医院、诊所的开设人、管理人以及类似人员（包含其法人代表）	参保
A②会员（B）	“A①会员”以及“A②会员（C）”之外的会员	
A②会员（C）	《医师法》规定的实习医生	
B会员	“A②会员（B）”中申请不参保医师赔偿责任保险的会员	不参保
C会员	“A②会员（C）”中申请不参保医师赔偿责任保险的会员	

医师赔偿责任保险是团体险，投保人是日本医师协会。正如表6－11所示，一般加入日本医师协会后，会自动默认为被保险人。没有特别申请不参保的会员都是A类会员。保费则是通过会费的方式缴纳。

该保险每次事故的赔付限额是1亿日元，保险期间内累计为3亿日元。免责金额每次事故为100万日元。

为了应对巨额医疗责任事故，该制度下还有“日本医师会医师特别条款”可供选择投保，保费是以会费的形式缴纳。该特别条款的赔付限额为每位被保险人每年1亿日元，免责金额是100万日元。该特别条款不仅可以对A会员自身引发的医疗责任进行赔付，而且当A会员作为医疗机构的开设人、管理人或监督人，因其机构的医生或护士引发医疗责任，导致A会员被追究个人赔偿责任的，该特别条款也可以赔付。

该特别条款还有“扩张担保特别条项”可选择投保。在主险的基础上，再增加每次事故最高1亿日元的赔款，保险期间内累计限额为5亿日元。因此，加上主险、“日本医师会医师特别条款”，整体最高保障限额为每次事故2亿日元，一年累计6亿日元。

主险加“日本医师会医师特别条款”，再加上“扩张担保特别条项”后，赔付限额如图6－3所示（概念图）。

2亿日元	日本医师会医师赔偿责任保险 （扩张担保特别条项：自由投保）		
1亿日元	日本医师会医师赔偿责任保险 （主险：会员均需参保）		
免责金额	100万日元		
责任	行为人责任	机构开设人、管理人责任	机构开设人责任
	A会员		A会员为理事或管理人的法人机构

图6－3　日本医师会医师赔偿责任保险赔付限额

另外，相比普通的商业医疗责任险，该制度还是其他优势。

第一，就是保费优势。由于日本医师协会的责任险是团险，因此，保费较商业险要低廉一些。医师会的责任险根据会员的具体职业性质，例如，实习医生、勤务医生（在医疗机构上班的医生）、开业医生（自己开设医院或诊所的医生），保费大约为34,000～66,000日元不等。而商业险大约是40,664～91,488日元不等。

第二，该制度设有专门的调查委员会和审议会。出险后，事故会报告到调查委员会进行讨论。该委员会是由各科专科医师、医学知识丰富的律师、保险公司等专家组成。委员会对事故进行调查后，再由审议会本着中立和公正的原则，对是否有赔偿责任以及赔偿责任金额进行判断。与商业医疗责任险相比，专业性更强。

第三，为了减少医师的事故处理负担，该制度还设有诉讼、谈判代理制度。发生医疗事故和纠纷后，会安排医疗领域的专业律师代为处理。诉讼、谈判的相关费用也属于该制度的涵盖范围。

八、司法代书人业务责任保险制度

日本的司法代书人（司法书士）主要是根据专业的法律知识，为当事人代为填写、制作向法院、监察厅等司法机构提交的资料，代办各类手续。

日本司法代书人会联合会成立于1927年，是司法代书人的全国性组织，在都道府县均有日本司法代书人会。

“都道府县”为东京都、北海道、京都府、大阪府和43个县的统称，相当于我国的省级行政单位。

司法代书人业务责任保险制度始于2004年，为健全司法代书人制度，日本司法代书人会联合会对会则进行了修改，要求所有司法代书人都必须参保该保险。

主要风险为设施风险与业务风险。

设施风险主要是被保险人为开展业务而所有、使用或管理的设施（包括设施内的动产）对他人造成人身伤害，或造成财产损毁、破损或污损。

业务风险指的是被保险人或其雇员，以及业务辅助者在开展业务时不慎给业务委托人或者第三方人员造成财产损失的风险。还有开展业务时不慎造成委托人或第三方人员名誉受损的情况。

该保险的投保人为各都道府县的日本司法代书人会，被保险人为其个人和法人会员。该保险为团险，原则上个人不可单独投保。赔付限额为每次1,000万日元，保险期间内累计2,000万日元，免责金额为100万日元。

九、游渔船经营者综合保险制度

游渔船指的是专门承运钓鱼爱好者出海钓鱼的船只，游渔船经营者综合保险是游渔船业经营者专用的赔偿责任保险。

2003年修订版的《游渔船业适正化法》规定，游渔船经营者如果不到都道府县相关机构进行注册，就不能展开营业，并且还必须具备相应能力，足以对消费者进行赔偿。都道府县为了确保游渔船经营者的赔偿能力，做出了投保责任保险的规定，并要求经营者在办理注册时，必须提供投保相关保险的证明材料。

游渔船经营者综合保险主要由“游渔船经营者特别条款”和“游渔船利用

者特别条款”构成，游渔船业在执业的过程中发生偶然事故引发法律赔偿责任，或者游渔船利用者（乘客）在出海钓鱼过程中发生的意外事故均属保险的责任范围。游渔船经营者特别条款内容如表 6－12 所示。

表 6－12　　游渔船经营者特别条款具体内容

	保险金类型		保险责任
游渔船经营者特别条款	Ⅰ赔偿责任保险金	（1）运送乘客的过程中造成乘客伤残	运送乘客过程中造成乘客伤残或死亡时的赔偿责任。保险金除了赔偿金，还包括损失防止费用、权力保全行使费用、紧急措施费用、诉讼费用等
		（2）其他赔偿责任	• 造成乘客财产损失时的赔偿责任 • 办公室、等候室等设施相关的赔偿责任 • 游渔船的航行造成的赔偿责任等
	Ⅱ搜索救助费用		• 索搜救助费用、交通费、住宿费、遗体转移费用、各种杂费
	Ⅲ伤病慰问金		除了责任赔偿金之外，还支付道义上的慰问金

游渔船利用者特别条款大概保险责任如表 6－13 所示。

表 6－13　　游渔船利用者特别条款规定的保险责任

	保险金类型		保险责任
游渔船利用者特别条款	Ⅰ赔偿责任保险金		同表 6－12
	Ⅱ意外保险金	死亡保险金	从事故日起算的 180 天之内死亡的，则赔偿死亡保险金
		残障保险金	从事故日起算的 180 天之内残障的，赔偿残障保险金
		入院保险金	无法正常工作、正常生活，且从事故日起算的 180 天之内住院的，按照住院天数支付入院保险金
		就诊保险金	在从事故日起算的 180 天之内前往医院就诊，且影响正常工作和生活的，按照就诊天数支付就诊保险金，但天数上限为 90 天

根据《游渔船业适正化法实施规则》的规定，对于每一位受害人的赔偿限

额为3,000万日元。而保险的具体赔付限额如表6－14所示。

表6－14　游渔船利用者特别条款规定的具体赔付限额

<table>
<tr><th rowspan="8">游渔船经营者特别条款</th><th colspan="2">保险金类型</th><th>赔付限额</th><th>每次事故的免责金额</th></tr>
<tr><td rowspan="3">Ⅰ赔偿责任保险金</td><td>运送乘客的过程中造成乘客伤残</td><td>每位乘客：3,000万日元
每次事故：3,000万日元×人数</td><td>无</td></tr>
<tr><td>上述情况之外的身体伤害</td><td>每位乘客：3,000万日元
每次事故：3亿日元</td><td>1万日元</td></tr>
<tr><td>财产损失</td><td>每次事故：500万日元</td><td>1万日元</td></tr>
<tr><td colspan="2">Ⅱ搜索救助费用</td><td>每位乘客：100万日元
每次事故：100万日元×人数</td><td>无</td></tr>
<tr><td rowspan="3">Ⅲ伤病慰问金（从事故发生日起算的180天之内）</td><td>死亡</td><td colspan="2">每位乘客：10万日元</td></tr>
<tr><td>残障</td><td colspan="2">每位乘客：10万日元（具体金额因残障等级而变化）</td></tr>
<tr><td>住院</td><td colspan="2">• 住院31天以上：2万日元
• 住院15天到30天：1万日元
• 住院8天到14天：5,000日元</td></tr>
</table>

游渔船利用者特别条款的赔付限额如表6－15所示。

表6－15　游渔船利用者特别条款中的赔付限额

<table>
<tr><th rowspan="5">游渔船利用者特别条款</th><th colspan="2">保险金类型</th><th>赔付限额</th><th>每次事故的免责金额</th></tr>
<tr><td colspan="2">Ⅰ赔偿责任保险金</td><td>每次事故：3,000万日元</td><td>无</td></tr>
<tr><td rowspan="3">Ⅱ意外保险金</td><td>死亡/残障保险金</td><td>500万日元</td><td>无</td></tr>
<tr><td>入院保险金</td><td>每天4,000日元</td><td>无</td></tr>
<tr><td>就诊保险金</td><td>每天2,000日元</td><td>无</td></tr>
</table>

该保险由商业保险公司承保，可能不同产险公司在赔付限额的设定上会有一些差异。上述赔付限额为三井住友海上火灾保险公司的游渔船经营者综合保险介绍资料中所举事例。

十、船客意外伤害赔偿责任保险制度

船客意外伤害赔偿责任保险制度始于1953年，是由日本旅客船协会作为投保人的团险制度。

1949年，日本《海上运输法》实施。为振兴海上旅游产业，1951年成立了日本定期交通船协会，会员是日本国内旅客船单位（定员13名以上的客船）。后于1959年改名为日本旅客船协会。日本旅客船协会的会员、准会员均为该保险的被保险人。

最早对乘客的意外伤害的赔偿责任风险是靠船舶保险的附加险来承保的，但是这种附加险不仅保费高，而且责任范围也很窄。因此，才开发了船客意外伤害赔偿责任保险的团险。

1953年船客意外伤害赔偿责任保险制度创设之初，船客意外伤害赔偿保险是以意外伤害险的普通条款为基础，在此基础上投保船客赔偿责任保险特别条款。当时每一名船客的保险金额可在50万日元和25万日元中选择一个进行投保。

此后，协会又将该保险的赔付限额提高到3亿日元。除了对乘客的人身财产损失进行赔偿，还包括支付一系列慰问金。

十一、总结

虽然从法律上来看，并未规定强制投保某个具体的责任险种，但是从保护消费者权益的角度来看，相关法律还是提出了要求，要企业必须具备足够的赔偿能力，也有行政法规做出了投保保险的规定，而更多的还是行业团体或根据法律规定，或出于行业自律的原因，建立了相应的责任保险制度，并以正式的会规或不成文的方式，约束会员去投保责任保险。

实践证明，这种半强制的责任险制度能够帮助会员增强风险意识，提高风险应对能力。

例如，日本医师会的赔偿责任险制度不仅提供风险保障，而且还在医疗事故和纠纷发生后，提供专业法律服务，将医生和医院从纠纷处理中解放出来。让专业的人做专业的事，提高了纠纷解决的效率，将事故及纠纷对医疗机构的影响降至最低，保证其正常的运转。

同时，这些责任险制度也提升了整体行业形象，促进了行业的健康良性发展，也为社会的稳定发展提供了有力保障。

第七章 日本的年金保险制度

一、年金制度概要

战后，日本宪法保障了生存权，社会保障制度在此理念的基础上逐步形成，制度由公共扶助、社会保险、社会福利、公共卫生与医疗四大部分构成。其中，年金制度在社会保障体系中占有重要地位。随着老龄化社会的到来，老年人口在全国人口中所占比例不断攀升，2015 年人口普查数据显示，日本全国总人口为 12,711 万人（男性 6,182.9 万人，女性 6,528.1 万人），较 5 年前减少 94.7 万人，这是自 1920 年实施人口普查以来首次出现负增长。65 岁以上老年人口首次超过 15 岁以下青少年人口数量，占总人口的比例高达 26.7%。

目前，日本已经初步建立了国民皆保险的社会保障体系，不同层次的制度覆盖不同的社会群体，并提供相应水平的养老保障。

（一）历史沿革

日本的年金制度可追溯至明治时期，1875 年以及 1876 年相继颁布了《海军退役令》和《陆军恩给令》，最初是作为“军人恩给”制度实施的。此后，分别以军人和国家公务员为对象的两种恩给制度合并，于 1923 年出台了《恩给法》。

最早实行企业年金的是“钟渊纺织”（著名化妆品品牌“嘉娜宝”的前身），其经营者武藤山治参考了德国钢铁公司的职工福利规定，于1905年开始了企业年金，随后，三井物产等大企业相继跟进。而面向民间被雇佣者的年金制度，始于1939年颁布的船员保险。此后，随着厚生劳动省的设立、制定国民健康保险法等社会保障政策的推进和实施，1944年，将仅适用于民间企业男性劳动者（正式工）的《劳动者年金保险法》更名为《厚生年金保险法》，参保范围扩大到企业职工和女性劳动者。

20世纪50年代中期开始，日本经济由复苏进入高速发展期，这一时期形成了相对完善的社会保障体系，日本政府相继颁布了《生活保护法》《儿童福利法》《残疾人福利法》《失业保护法》等法令。1959年制定了《国民年金法》，参保对象进一步扩大至农林渔团体的从业人员和个体工商户等自营业者。20世纪60年代开始全面实行全民医疗保险制度和全民年金制度，1961年建立了基础年金制度（也称国民年金），规定20岁以上国民都有义务加入基础年金，日本从此实现“全民皆有年金”。随着经济的发展和社会变迁，日本又在国民年金的基础上建立了以企业薪职人员为对象的厚生年金和以公务员为对象的共济年金制度。

年金制度建立初期，不同行业的年金制度和适用对象各不相同，偿付年限及偿付水准也存在差异。特别是由于产业结构的变化和财政基础的不稳定，不同制度的加入者之间存在个人负担和偿付水准不公平的问题。有鉴于此，1984年，在中曾根康弘第二任内阁会议上，决定彻底改革此前在不同行业和集团之间各自为政的状况，实行全体国民共通的基础年金制度，并于翌年投入实施，成为沿用至今的年金制度的框架。1985年以后，日本对年金制度不断完善和发展，为经济发展营造了相对稳定的社会环境（见表7－1）。

表7－1　　主要年金制度改革年表

	时间	内容
设立阶段	1942年	实施《劳动者年金保险法》（1944年更名为《厚生年金保险法》）
	1954年	全面修订《厚生年金保险法》（将给付开始年龄提高到60岁）、建立私立学校教职员工共济组合制度
	1961年	全面实施《国民年金法》，构建国民皆年金的公共年金制度

续表

	时间	内容
充实阶段	1965 年	厚生年金保险法修正（实现 1 万日元年金、创立厚生年金基金制度）
	1969 年	厚生年金保险法修正（实现 2 万日元年金）
	1973 年	年金制度修正（实现 5 万日元年金、导入物价连动机制、标准工资再评估制度等）
老龄化社会阶段	1985 年	实施基础年金制度、调整给付水准等
	1990 年	被雇佣者之间年金费用负担不均问题的合理化改革
	1994 年	年金制度修正（分阶段将给付开始年龄提高至 65 岁等）
	1997 年	提高厚生年金（定额部分）的给付开始年龄。铁路、烟草、电信等三大共济组合合并到厚生年金
	2000 年	提高厚生年金（按收入比例变动部分）的给付开始年龄
	2002 年	农林共济合并到厚生年金
	2004 年	导入宏观经济连动机制、提高国民年金的财政负担比例等
	2009 年	国民年金的财政负担比例提高至 1/2
	2012 年	以消费税作为财源，将财政负担比例固定化。实施被雇佣者年金制度一元化改革、扩大厚生年金适用范围、将年金领取资格规定由 25 年缩短至 10 年、提高低收入和低年金群体的福祉给付等

资料来源：日本年金机构（2014）《关于年金制度的改革内容》。

（二）现行年金体系

如图 7－1 所示，日本现行年金制度为三层结构。

第一层是覆盖面最广的国民年金，是普惠性质的基础年金制度，日本法律规定凡达到法定年龄的国民均须加入国民年金。

第二层是与收入关联的厚生年金和共济年金制度，在参加国民年金的基础上，企业正式职工有义务参加厚生年金，按照收入缴纳一定比例的保费，保费由职工和企业对半负担。国家公务员、地方公务员、私立学校的教职员等则参加共济年金，保费也是个人和国家对半负担。以上两层年金制度在法律上规定了加入义务，在职员工有担负扶养上代老人的义务，一般将国民年金、厚生年

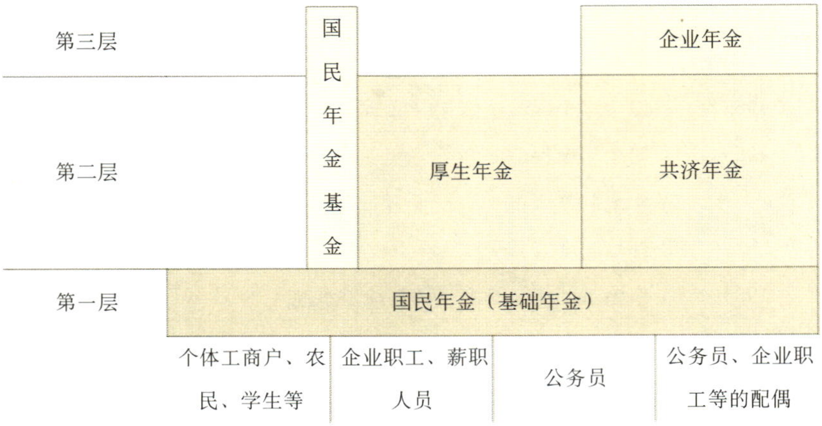

图 7－1　日本现行年金制度示意图

金和共济年金统称为公共年金。

第三层是不同类型的企业年金和商业年金。为了进一步增加退休后的收入，在依法已参加各种法定公共年金制度的基础上，效益好的企业给员工增设的年金制度，可自由选择加入，属于私人年金制度，是对公共年金制度的补充。企业年金有厚生年金基金、固定收益企业年金、固定缴费企业年金等类型。

（三）管理机构

日本于 1962 年成立了社会保险厅，作为政府中央官厅之一，是掌管健康保险、船员保险、厚生年金保险、国民年金等社会保障事务的行政机关，在全国各地设有分局和事务所。

2004 年以后，随着官员渎职、侵吞、挪用以及个人信息泄漏、年金记录管理不当等问题的相继曝光，政府决心对社会保险厅展开全面改革。先是将健康保险以及船员保险业务移交全国健康保险协会管理，并最终于 2010 年彻底废除了社会保险厅，公共年金等业务由新成立的日本年金机构继承。

年金局是中央省厅的厚生劳动省的内部机构之一，是日本年金机构的上级机关。下设年金科、国际年金科、企业年金国民年金基金科等部门，主管厚生年金保险、国民年金等公共年金制度以及企业年金等的规划、制定，年金基金的管理运营，与国外签订社会保障协定，以及调研国外年金制度等事务。

日本年金机构，是受政府委托处理厚生年金、国民年金等公共年金事务的非公务员型的特殊法人机构，在全国9大区设有本部，掌管辖内各县。并在47个都道府县成立了事务中心，事务中心下设厚生年金、国民年金、年金给付以及记录审查等4个部门，主要处理各种资格申请、审查、通知、给付、老年福祉、死亡、脱保、年金记录管理等书面事务。此外，在全国设有312处年金事务所，受理年金调查、催缴、强制征收、年金咨询等现场业务。事务所设有厚生年金调查科、厚生年金征收科、国民年金科、年金记录科以及咨询科等部门。

年金基金管理运营独立行政法人，是厚生劳动省的下属机构。除共济年金外，掌管厚生年金和国民年金基金的投资运营和管理。截至2016年一季度，资产总额超过129.7万亿日元，2001年以来的累计投资收益约为40.2万亿日元。资料显示，至2015年年底，年金基金的投资比例构成为：国内债券37.76%、国内股市23.35%、国外债券13.5%、国外股市22.82%、短期资产2.57%。不过，受英国脱欧影响，全球股市动荡频发，2016年一季度机构投资出现超过5.2万亿日元的巨额亏损。

二、年金种类简介

（一）国民年金（基础年金）

如前所述，第一层的国民年金与第二层的厚生年金和共济年金共同构成了年金体系基础，即公共年金部分。按照加入者的职业和加入制度的不同，日本公共年金制度将具有参保资格的人分为3类，如表7-2所示。

表7-2　3类具有参保资格的被保险人

第1号被保险人	适用对象：农业人口、学生、个体工商户、无业人员及其配偶等 缴费方式：通过银行转账等方式自行缴纳 保费金额：月额16,260日元（2016年） 参保人数：1,742万人（2015年3月末）

续表

第 2 号被保险人	适用对象：参加厚生年金的企业职工，参加共济年金的公务员等 缴费方式：与国民年金保费一起由收入中扣除 保费金额：保费根据薪酬决定（月工资 × 保险费率） 保险费率：2015 年 9 月以后 17.828% 参保人数：4,039 万人（2015 年 3 月末）
第 3 号被保险人	适用对象：第 2 号被保险人的扶养人（家庭主妇等），年收低于 130 万日元且低于丈夫收入的 50%、年龄 20～60 岁 缴费方式：现行制度下，第 3 号被保险人没有缴费义务 参保人数：932 万人（2015 年 3 月末）

资料来源：《2014 年度厚生年金保险和国民年金事业概况》，2015 年 12 月。

国民年金覆盖面广，具有强制性。国民年金的 2/3 来自第 1 号和第 2 号被保险人所缴纳的保险费，1/3 由国家财政补贴（2009 年起提高至 1/2）。只要参保人的参保期间达到 25 年且年满 65 周岁的日本境内所有人员（含外国人），即可获得国民年金给付，直到领取人死亡为止，国民年金待遇原则上根据缴纳期长短决定给付金额（见图 7－2）。

（二）厚生年金和共济年金

国民年金虽然覆盖面广，但是随着日本经济的发展变化以及社会老龄化进程的加快，国民年金无法满足更高养老层次人群的需要。因此，日本年金体系设置了第二层的厚生年金和共济年金。

厚生年金是在私营企业、工厂、商店、事务所等工作的职工所加入的年金制度，当员工年老、残疾或死亡时支付保险金，厚生年金的参保人同时也是国民年金的被保险人。原则上，5 人以上单位的正式职工，必须加入厚生年金。由于厚生年金保险的涵盖面非常广泛，因而，厚生年金与国民年金一起成为日本公共年金制度的两大支柱。

与国民年金不同的是，厚生年金保险费用是根据职工收入来确定缴纳比例，厚生年金与职工收入成正比，保费由被保险人和雇主对半负担。截至 2014 年年

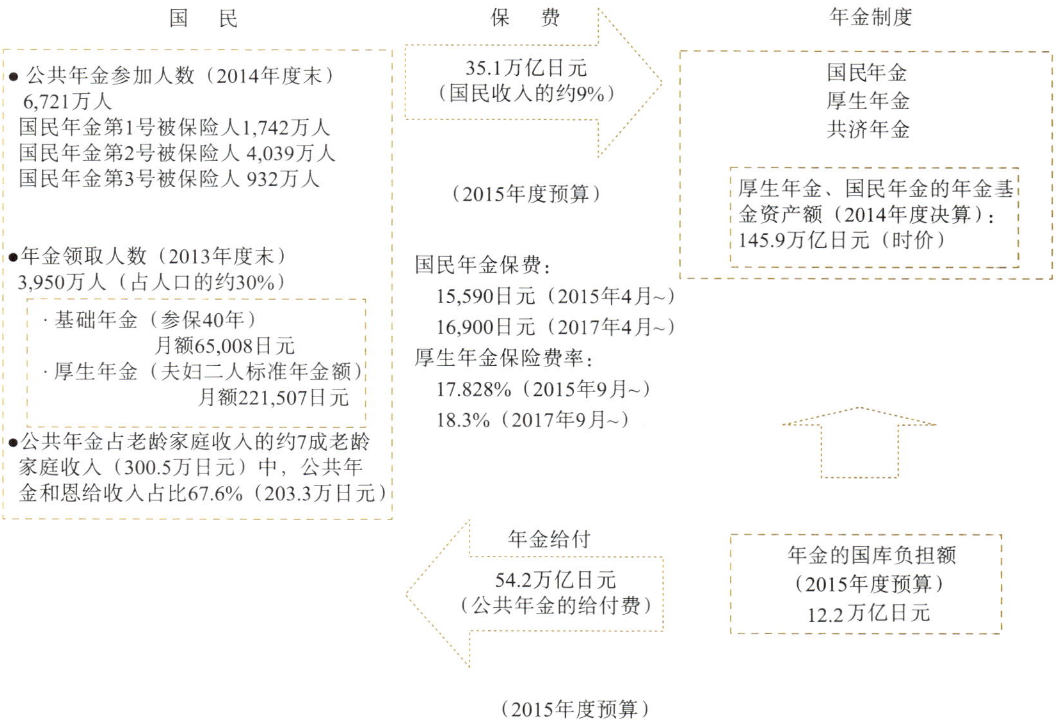

资料来源：厚生劳动省，《公共年金制度概要》。

图 7－2　公共年金制度的资金状况

末，参加厚生年金保险的企业有 186 万 7 千家，被保险人数为 3,599 万人，其中男性 2,293 万人、女性 1,306 万人。

共济年金是公务员等加入的制度。各类公务员（国家公务员、地方公务员、私立学校教职员）在加入共济协会后成为会员，同时也是国民年金的被保险人。目前，共济年金的参加人数约为 441 万人。厚生年金和共济年金统称为雇员年金，作为配偶的家庭主妇无须缴纳保险费用，满 65 岁即可领取雇员年金。

国民年金、厚生年金和共济年金构成的公共年金制度由政府统一管理运作，是几乎覆盖了日本全部人口的公共养老体系，即所谓的“国民皆保险，国民皆年金”。

（三）企业年金

企业年金以及各种养老储蓄、商业性养老保险也被称为私人年金，是企业或个人自由选择的结果，政府不给予任何财政补贴和支持。企业及职工在参加法定养老保险的基础上，根据自身经济实力、以自愿建立为宗旨，为本企业职工提供一定程度退休收入保障的补充性年金制度。原则上，设立了企业年金制度的企业，职工全员参加。因其在职期间由其个人或所在单位缴纳了更多的费用，因此，退休后可以领取到相对丰厚的退休金。企业年金主要有厚生年金基金、固定收益企业年金、固定缴费企业年金等。

1. 厚生年金基金

厚生年金基金以厚生年金法为基础，于 1966 年开始实施，以大型企业（雇员人数超过 500 人）职工为对象。企业或行业团体等经厚生劳动省授权后，设立独立于企业的年金基金法人机构，负责年金资产的运营、管理和给付事宜。基金的资金由企业和职工双方共同缴纳，达到一定年龄后，按照企业与职工签订的合约发放年金。

2. 固定收益企业年金（defined benefit）

依据固定收益型企业年金法设立、实施的企业年金制度，分为契约型企业年金和基金型企业年金。参保人可自行选择养老金投资渠道（投资信托、保险商品等），该制度的设立需要满足参保人在 300 人以上。

3. 固定缴费企业年金（defined contribution）

依据固定缴费型企业年金法设立、实施的企业年金制度，分为企业型确定缴费年金制度和个人型缴费年金制度。该制度由企业方确定每月缴纳金额，并交给投资机构运营。投资机构选择拟投资的产品供成员选择，由成员自行承担投资风险。该制度参照了美国“401K 计划”，设立当初仅由企业方缴纳费用，2010 年以后逐渐放开成员个人缴费。

三、现行年金制度的特点

（一）受众覆盖范围广

日本年金制度建立初期，仿照德国模式，年金制度只是以拥有职业的企业职工、公务员以及私立学校教职员工等为中心，覆盖面仅为全体就业人员的1/4，非工薪阶层的农民及个体工商户都被排除在外。换而言之，当时的养老体系尚未统一，而是按被雇佣者、未被雇佣者、国营、私营等不同保险形式分成不同的类型和制度。之后，随着经济的发展和国力的增强，日本开始效仿英国，力图将社会保障制度覆盖到全民。1961年实施《国民年金法》，年金制度开始惠及农民及个体工商户等非雇佣人员，形成了全民皆年金的制度框架。20世纪80年代，日本对公共年金制度进行了改革，1985年对《国民年金法》进行全面修订，对分立的公共年金制度进行整合，导入基础年金制度，将国民年金制度的基础保障作用扩大到全体国民，在基础年金制度层面实现了各年金制度的统一，上层则保留原来的厚生年金、共济年金等与工资挂钩的年金，形成了纵向多层次的复式结构。

经过历次修改和扩充，现行公共年金制度基本形成了包括个体工商户和无业人员在内的所有国民参加的年金制度。基础年金制度体现了公平性，保障了老年生活的基础部分，费用由全体国民公平负担。只要在退休前缴足了公共年金保险费用，退休后领取的费用就能够满足生活、医疗、交通等日常开销。

（二）社会保险方式

日本的国民年金和厚生年金具有强制性，年金保费由雇主、职工、国家三方负担。国民年金资金来源于个人缴纳的保险费和国家财政预算。《国民年金法》制定实施以来，逐步趋于统一，全体国民都可以享受年金待遇，具有平等的年金受益权。此外，按照相关法律规定，为保证年金制度的长期稳定，每隔5

年要对国民年金和厚生年金进行一次缴费率核算，根据人口出生率和死亡率预测未来的年金财政收支状况，如果人口结构或经济发展情况与预测不相符，则对缴费率进行小幅调整，以确保收支平衡。

日本还自 1991 年起设立了国民年金基金制度，作为国民年金第 1 号被保险人的补充制度，目的就是缩小与薪职人员在年金保障方面的差距。20 岁以上 60 岁以下、个体工商户及其家庭成员、自由业者、学生等国民年金的第 1 号被保险人可以自行选择加入与否，加入后原则上不可以退出。所谓社会保险方式，就是参加年金制度的人，通过缴纳保费的方式，获得相应的年金受益权。原则上，不缴纳保费就没有养老保障，此外，还专门针对失业、低收入群设立了“保费免除制度”。一般来讲，缴费期间越长、期间缴纳的保费越多，则年老后领取的年金就越多。总体上，日本通过以政府主导的社会保险为主，企业和商业保险等为补充的、覆盖全社会的多层次构造，满足了不同群体的保障需求。

（三）年金筹集方式

在日本的公共年金体系中，第一层和第二层占据了主导地位，两者都是政府强制性的养老计划。一般来讲，年金筹集有两种方式：一是现收现付制，每一年度支付的养老金的必要经费都用这一年度参保人员的保险金全额支付的财政方式。即用目前所有在职员工缴纳的保险费用、来支撑全体老年人生活的保险机制。二是完全积累制，职工个人和企业将资金存入职工在专门机构的个人账户中，职工退休以后，提取个人账户中缴纳总额和增值部分来维持自己的养老开销，与储蓄类似。

目前，世界大多数国家采用的是现收现付方式，只要将来有参保人员的存在，就有可能依靠参保人员缴纳的保费支付养老金。而日本采用的则是一种介于两者之间的部分积累制，即以现收现付制为主、积累制为辅的混合型的年金筹集模式。针对不同层次年金制度的特点，分别采用不同的筹集方式，基础年金采用的是现收现付制，而厚生年金、共济年金和企业年金采用的则是完全积累制，年金收入的财源主要依靠年金保费和消费税收入。

四、年金制度面临的问题

（一）人口老龄化问题

前文所述，日本年金的筹集方式以现收现付为主，这种方式的好处在于：一是实行隔代抚养，用在职员工缴纳的保费抚养老年人口，可以较好地维护社会公平，符合传统老有所养的赡养原则，彰显了养老保险的共济性和福利性，且计算简便。二是符合低成本原则。保险基金投资运行和管理的成本较少，避免了积累制下管理基金带来的一系列问题，包括管理成本高，保值增值压力大等。三是简便易行，可以避免因物价上涨及工资水平调整等通胀因素造成养老金贬值。但缺点是会受到将来的年金领取人和参保人比率变化的影响。当前，生育率低而老年人口多，年轻人减少意味着负担保险费用的参保人少，而领取年金人数的增加，则会加大在职员工的缴费压力，缴费负担过重导致出现少缴欠缴拒缴的情况。人口老龄化导致养老保险入不敷出，不仅会增加劳动力成本，影响经济效率，而且情况严重时会令政府财政不堪重负。

第二次世界大战结束以后，日本的人口死亡率（每千人死亡数）因生活环境、饮食营养的改善以及医疗技术的进步而下降，婴幼儿及青年死亡率大幅下降，由 1947 年的 14.6‰ 降至 1979 年的 6.0‰。65 岁以上老年人口的死亡率也从 1950 年的 71.5‰ 降至 2013 年的 34.9‰。与此同时，在经历了 1947～1949 年、1971～1974 年两次生育高峰后，人口出生率开始逐渐下滑。国际上普遍认为，生育率保持 2.1 的水平，可以维持人口平衡，而 2013 年的日本女性生育率仅为 1.43。截至 2015 年 10 月 1 日，日本总人口为 12,711 万人，其中，65 岁以上老年人口 3,392 万人，占总人口比例达 26.7%（见表 7－3）。

按老年人口抚养比计算，即每 100 名劳动年龄人口要负担多少名老年人，日本的抚养比为：2000 年 25%、2025 年 50%、2050 年 74%，远远超过其他国家，是老年人口抚养比最高的国家。2050 年以后，日本总人口或将跌至 1 亿人以下。

表 7－3　不同年龄段人口推算　（单位：千人）

	2010 年	2015 年	2020 年	2030 年	2040 年	2050 年	2060 年
0～14 岁	16, 803	16, 108	14, 568	12, 039	10, 732	9, 387	7, 912
15～59 岁	70, 995	68, 574	66, 071	59, 498	50, 079	43, 924	38, 479
60～64 岁	10, 037	8, 507	7, 337	8, 231	7, 787	6, 089	5, 704
65～69 岁	8, 210	9, 729	8, 155	7, 355	8, 865	6, 627	5, 623
70～74 岁	6, 963	7, 788	9, 179	6, 711	7, 584	7, 202	5, 656
75 岁以上	14, 072	16, 405	18, 790	22, 784	22, 230	23, 846	23, 362
合计	128, 057	127, 110	124, 100	116, 618	107, 276	97, 076	86, 737

资料来源：根据内阁府《2016 年版老龄社会白皮书》整理。

“少子老龄化”导致领取年金的老年人口基数越来越庞大，社会养老负担加重，养老费用支出也将随之迅速膨胀（见表 7－4）。人口老龄化成为日本养老保险面临改革的重要原因之一。

表 7－4　公共年金领取人数推移　（单位：万人）

	2010 年	2011 年	2012 年	2013 年	2014 年
国民年金	2, 834	2, 912	3, 031	3, 140	3, 241
厚生及共济年金	3, 353	3, 472	3, 591	3, 660	3, 747

资料来源：根据《2014 年度厚生年金保险和国民年金事业概况》整理。

（二）确保财源问题

随着 20 世纪 90 年代泡沫经济破灭，日本陷入了经济衰退，且迟迟没有恢复。景气低迷导致大批中小企业破产倒闭，失业人数持续增加。就业环境变化导致就业不稳定、家庭收入降低、非正式就业人员激增。虽然法律规定 20 岁以上公民有参加国民年金保险的义务，但是未参保或不缴纳国民年金保险保费的人不在少数，多为个体工商户、农民和学生等自主缴费的第 1 号被保险人。此外，2007 年 5 月，日本社会保险厅被爆约 5, 000 万份年金保险记录存在问题；

2015年5月，年金机构因病毒感染导致125万份个人信息泄漏等事件相继曝光，在社会中引起轩然大波，人们开始对现行年金制度产生了信任危机。2014年，公共年金第1号被保险人的未参保人数为9万人、未缴纳保费人数为224万人。虽然相对于6,713万的参保人数来说并不多，但是不参保就缺乏基本保障，并且，国民年金制度本身具有法律上的强制性，不缴费属于违约行为。针对这种情况，政府采取了催缴、扣押符合一定条件仍超期拒缴人员的财产等一系列强制征收措施，力图改善年金缴纳状况（见图7－3）。

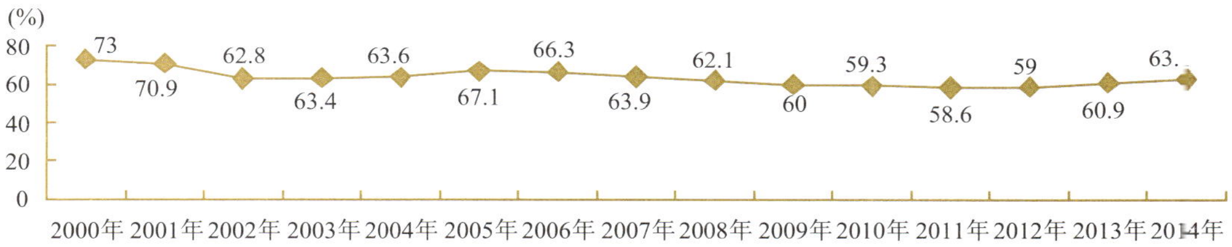

图7－3 国民年金缴纳率推移

资料来源：根据2015年6月厚生劳动省年金局公布的《2014年度国民年金保费缴纳状况》整理。

由于日本年金财政采用的是“积累制与现收现付相结合”的方式，国民年金的来源一是国民缴纳的保费，二是税收。当年保费收入用于年金支出，国民年金结余时转存基金，不足时用基金填补。而“少子老龄化”导致人口出现失衡，老年人多而年轻人少，在职员工的负担日益加重，而年轻一代对现行制度缺乏信心，不缴费现象增多，也给年金政策的执行带来了隐忧。

日本政府2015年度财政预算中的社会保障费用占32.7%，为315,297亿日元，其中年金给付预算额111,116亿日元、占35.2%（见表7－5）。而财政资金筹集的主要来源是税收。日本的消费税率在世界范围内相对较低，还有提升空间，且消费税不受经济影响，是比较稳定的财源。但政府若想通过增税的方式解决社会保障财源问题，则必须征得各党派以及国民支持。2016年6月1日，日本政府宣布推迟消费税上调时间，把消费税上调至10%的实施时间推迟至2019年10月，此举反映了当前日本经济的疲软状态。日本国债总额2016年或将超过838万亿日元，这相当于15年的税收额，留给下一代的将是沉重的债务负担，延迟增税预示着日本财政重建计划搁浅。日本政府原计划在2020年实现财政盈余，但这一目标是以经济增长率提高和大规模削减支出为前提的。随着增税措施的延迟，给达成财政稳定目标增添了变数。

表7-5　公共年金制度的财政收支状况（账面价值）　（单位：亿日元）

年份	当年收入	当年支出	收支差	至当年度末累积余额	较上年度增减
2009	470,891	486,078	-15,187	1,784,106	-55,525
2010	495,263	491,743	3,521	1,718,746	-65,359
2011	495,279	492,274	3,005	1,660,250	-58,497
2012	490,290	501,698	-11,408	1,624,376	-35,874
2013	503,713	507,182	-3,469	1,607,418	-16,958
2014	534,197	506,157	28,040	1,631,009	23,591

资料来源：厚生劳动省《公共年金各制度的财政收支状况》，2009~2014年。

（三）代际间的不公平问题

所谓代际不公，即不同年龄段人群间的待遇差别，业已成为当前日本突出的社会问题。日本《朝日新闻》最近对全国3,000名18~19岁青年进行的一项民意调查显示，有59%的日本青年人认为与中老年人群收入差距过大，56%的人认为“即使努力也没有回报”，82%的人认为“很难自立”。调查发现，青年人对改变导致社会不公平的经济政策呼声最高。

随着“少子老龄化”状况的加剧，每个在职员工承担的养老负担越来越沉重。据日本厚生劳动省测算，1945年前后出生的日本人领取的国民年金总额大约是其缴纳的养老保险金的3.8倍；而1985年后出生的日本年轻人，未来领取的国民年金总额只有其缴纳的保险金的1.5倍。这引起了日本年轻人的不满。2014年厚生劳动省公布了财政验证报告，其中，关于代际间给付与负担的试算结果，引起了广泛关注。试算结果（见表7-6）表明，在国民年金和厚生年金制度中，不同年代出生的人之间，受益与负担比例存在很大差异，而社会保障制度若要获得全体国民的支持与理解，制度本身的公平性尤为重要。在约 1,400 万亿日元的个人金融资产中，60 岁以上老年人持有约 1,000 万亿，并且年龄增长的同时储蓄额亦随之递增，也就是说年金在相对拮据的年轻人与相对富裕的老年人之间呈现出“逆收入分配”的情形。

表 7－6　　代际间的受益负担倍率试算

出生	2015 年的年龄	厚生年金			国民年金		
		年金负担（万日元）	年金受益（万日元）	倍率	年金负担（万日元）	年金受益（万日元）	倍率
1945 年	70 岁	1,000	5,200	5.2	400	1,400	3.8
1950 年	65 岁	1,100	4,700	4.1	400	1,200	2.9
1955 年	60 岁	1,400	4,600	3.4	500	1,200	2.3
1960 年	55 岁	1,600	5,000	3.0	700	1,300	2.0
1965 年	50 岁	1,900	5,300	2.8	800	1,400	1.8
1970 年	45 岁	2,200	5,600	2.6	900	1,400	1.7
1975 年	40 岁	2,400	5,900	2.4	1,000	1,500	1.5
1980 年	35 岁	2,700	6,300	2.4	1,000	1,600	1.5
1985 年	30 岁	2,900	6,800	2.3	1,100	1,700	1.5
1990 年	25 岁	3,200	7,400	2.3	1,200	1,800	1.5
1995 年	20 岁	3,400	7,900	2.3	1,300	2,000	1.5

资料来源：厚生劳动省《2014 年财政验证结果报告》。

五、社会保障制度改革动向

日本现行社会保障制度建立至今已经历了半个多世纪，而今，无论是经济形势还是社会构造都发生了巨大变化。人口老龄化、出生率降低；就业环境改变、收入减少；家庭小型化，65 岁以上独居老人以及老年夫妇二人居住的家庭激增；自 20 世纪 90 年代以来经济长期低迷、增长乏力等，这些因素使得日本社会保障给付费用急剧膨胀，1970 年占 GDP 的比重只有 4.7%，而到 2013 年，社会保障给付费用达 1,106,566 亿日元，占 GDP 的 22.91%。社会保障费用膨胀和财政赤字的增大，以及代际间不公平等问题，已经开始阻碍日本社会经济的可持续发展。

2004 年，日本政府曾对包括年金制度在内的社会保障制度进行过全面改革，年金制度的主要改革措施有：第一，100 年里给付与负担基本保持平衡，将来保险费固定不变，保险费率的调整进程在法律中作出明文规定。法律上明确规定出给付水准的下限（确保高于就业人员平均收入的 50% 以上）；第二，2017 年以后保险费率固定不变。厚生年金费率 18.3%（每年提高 0.345%）、国民年金保费 16,900 日元（每年提高 280 日元）；第三，根据宏观经济指数调整年金。即根据工资、物价变动进行调整，维持平衡；第四，基础年金中的财政负担比例，从 2004 年度开始到 2009 年度，逐步由 1/3 提高到 1/2。提出了调整消费税、促进老年人口再就业、国民年金的保费缴纳率提高至 80%、充实企业年金、强化年金基金的管理运营等设想。但由于日本经济长期低迷，再加上世界金融危机、欧债危机的爆发以及东日本大地震等天灾人祸，使得改革进程受到了影响。

2012 年，日本社会保障与税制一体化改革相关法案终于获得参众两院通过而生效实施。此次日本通过的社会保障与税制一体化改革相关法案，主要由年金机能强化法案、被雇佣者年金一体化法案、育儿援助法案、消费税增税改革法案、地方交付税修正法案以及社会保障制度改革推进法案等组成，总体目标是通过一体化改革，使社会保障制度更加充实稳定，并使财政状况朝向健康的方向发展。根据现行年金制度存在的问题，改革方案如表 7－7 所示。

表 7－7　　针对现行年金制度的改革方案

1	建立一种新的公共年金制度。以消费税作为财源，实现最低保障年金月额 7 万日元。不分职业，保险费率按 15% 征收。同时并用“所得比例年金”制，以在职时期缴纳的保费总额决定年老后的领取金额。
2	强化最低保障功能。对年收入不满 65 万日元的低收入者、老年人，年金给付额每月增加 1.6 万日元。

续表

3	降低厚生年金保险准入的门槛。针对短时工等群体，将标准由每周工作 30 小时降为 20 小时，免除职工产假、育儿休假期间的保费，扩充厚生年金覆盖面。
4	实现雇佣者年金一元化。2015 年 10 月实施共济年金与厚生年金的一元化改革，2018 年将保险费率统一至 18.3%，共济年金废除职域部分后与厚生年金给付相同，定为 230,940 日元。
5	重新审议家庭主妇的第 3 号被保险人制度，减少不公平感的存在。
6	提高年金效率、抑制费用规模。减少年收 1 千万日元以上高收入人群的年金给付额，启动通货紧缩状态下的宏观经济连动机制。制定中长期计划，逐步将年金给付开始年龄提高至 68 ~ 70 岁。通过上调保费、提高用来计算保险给付依据的“标准收入”的上限，增加高收入者的保费负担。

资料来源：根据 2012 年《社会保障和税的一体化改革大纲》整理。

此外，为了使社会保障与税制一体化改革有效实行，日本在 2015 年 1 月以后，在社会保障和税收领域开始推行税号制度，每个人都有自己固有的番号，这一番号可用于养老金、医疗、护理保险、福利和劳动保险等社会保障领域，也可以在国家和地方税务机关的窗口纳税。番号制确保了养老、医疗、老年护理等针对个人的社会保障给付公正、公平无遗漏。同时，有利于各级政府全面而准确地掌管社会保障收支情况和个人收入信息，简化了社会保障和税务的行政手续，减轻了个人和法人的各项费用负担，提高了各级政府的执政效率。

由于目前日本年金机构负责国民年金保险费征收、国税厅负责税收征收，因此，整合两者的征收业务并进行一元化管理，提高征收效率，成为政府今后行政机构改革的一项重要内容。根据日本政府的设想，在 2015 年前后，首先将日本年金机构负责管理的国民年金保费强制征收业务移交国税厅掌管，并逐步扩大业务统合范围；在 2018 年以后，日本拟设置“收入厅”，实行国民年金保险费与税金征收的一元化管理。之后，政府将进一步研究和探讨设立“收入、支给厅”，将税金的征收与国民年金保险费的征收和支出等全部业务进行整合。

第八章
日本的护理保险制度

一、护理保险制度的建立

（一）护理保险制度的建立目的

近年来，随着日本老龄人口数量迅速增长、社会老龄化进程加速，需要护理①的老龄人口正在不断地增加，加之护理期间呈现逐步延长的态势导致日本国民的护理需求越来越多；同时，核心家庭②结构模式的普及以及为需要护理服务的老龄人进行护理的家属也呈现老龄化趋势。为了妥善解决老年人的护理问题，日本政府于 1997 年 12 月 17 日出台了《护理保险法》，并于 2000 年 4 月正式启

---

① 护理，中文的“护理”是指配合医生治疗，观察和了解病人的病情，并照料病人的饮食起居等。本文提及的“护理”，除了我国传统意义的“护理”以外，还包括为那些因年龄增长、身体机能老化导致生活需要帮助、照顾等。

② 核心家庭（nuclear family）是当今社会上存在的一种非常普遍的家庭结构模式，这种家庭由夫妻两人及其未婚子女两代人组成。在我国，核心家庭还可能包括上一辈人，即所谓“三代同堂”的家庭结构。与传统的数代同居的大家庭相比，核心家庭具有明显的优势，如家庭关系简单，对亲属网络的依赖性小，减少了家庭生活中的矛盾和纠纷；容易形成家庭中的平等关系和民主气氛，有利于培养青年人的独立性；满足了不同代人对不同生活方式的追求等（来源于百度百科）。

动护理保险制度。

建立护理保险制度的意义在于，建设一个全社会共同为老年人的护理提供支持和保障的机制，不仅让老年人获得身体上的照顾，更要老年人在自立生活方面获得支援与帮助。

（二）护理保险制度的引入过程

早在护理保险制度建立之前，日本在20世纪60年代初就已经有了针对老年人养老护理的法律制度。1963年，为了保持老年人身心健康以及维持生活稳定，日本政府颁布《老人福祉法》，开创了老年人福利政策的先河。

此后十年由于老年人医疗费用支出开始增多，1973年1月开始实施修订版的《老人福祉法》。根据其规定，70岁以上老年人的保健费实行公费化，即老年人个人不用承担医疗费，这一年也因此被称为“福利元年”。

至1982年，随着老年人长期住院（即社会性住院[①]）以及失能失智、卧床不起成为社会问题，进而导致医疗费用支付出现压力，日本厚生省又出台了《老年人保健法》，该法引入老年人医疗费部分减免制度。

1989年，日本厚生劳动省制定了“老年人保健福祉推进十年战略”，一般统称为“黄金计划”。为了在市町村紧急实施居家福利措施并紧急配备相关机构，“黄金计划”提出了以紧急配备特别养护老人院/日间护理/短期陪住等机构、培训家庭看护员等为中心的居家福利计划。然而，由于社会老龄化超出了最初预期水平，1994年日本厚生劳动省对“黄金计划”进行部分修改，增加了居家护理相关的内容。

1996年，日本3个联合执政党达成一致，发布创设护理保险的《执政党合意事项》，并于1997年完成《护理保险法》的制定。2004年4月，《护理保险法》开始正式实施（见表8－1）。

① 社会性住院，是指由于家庭功能的缺失或弱化和老人福利院床位数的不足，以及入住福利机构与入住医院二者之间在手续的便利性、费用负担以及康复效果存在差别等原因，造成许多有护理需求的老年人以入住医院来代替入住福利机构的行为。

表 8－1　　老年人保健福祉政策发展简史

年代	老龄化率[1]	主要政策
20 世纪 60 年代 老年人福祉政策开始	5.7% （1960 年）	1963 年　制定老年人福祉法 ● 设立特别养护养老院 ● 老年人家庭看护员（Home Helper）变得有法可依
20 世纪 70 年代 老年人医疗费用增多	7.1% （1970 年）	1973 年 老年人医疗费实行免费
20 世纪 80 年代 社会性住院、因病卧床不起的老年人成为社会问题	9.1% （1980 年）	1982 年　制定老年人保健法 ● 导入老年人医疗费的部分减免制度 1989 年　决定实行黄金计划（老年人保健福祉十年战略） ● 加紧完善机构和推进居家福利
20 世纪 90 年代 黄金计划的推进	12.0% （1990 年）	1994 年　决定实行新黄金计划（新－老年人保健福祉十年战略） ● 完善居家护理
准备导入护理保险制度	14.5% （1995 年）	1996 年　三个联合执政党达成一致 发布创设护理保险的《执政党合意事项》 1997 年　成立护理保险法
21 世纪 护理保险制度的实施	17.3% （2000 年）	2000 年　实施护理保险

注：①老龄化率是指 65 周岁以上老年人所占总人口比例。

二、护理保险制度的内容

（一）什么是护理保险制度？

护理保险制度，是根据《护理保险法》建立起来的，为了帮助那些需要护理服务的老年人及其家属，由全社会成员共同分担费用、提供生活保障服务的一项社会保险制度。

护理保险制度与以往根据《老人福祉法》《老人保健法》建立起来的老年人福利制度最大的不同之处在于，护理保险制度不再以政府为国民提供保护或者救助为首要目的，而是鼓励老年人通过自身的努力维持日常的生活，在这一过程中老年人遇到困难时政府会提供一定的帮助和支持。

由于护理保险制度设立以后，护理保险服务享受人数的增速逐渐达到了最初设想增速的二倍，大大超出了预期值，为了尽可能避免老年人需要护理程度的加重，2006 年《护理保险法》进行了第一次大规模修订。此次修订引入了“护理预防”“设立地域紧密型服务和地域一揽子支援中心”等理念，使护理保险向着“预防重视型系统”的方向转型。

2012 年 4 月《护理保险法》再次修订，修订内容的主要是关于“地域一揽子护理系统①的建立”，其目的是让老年人在自己熟悉的地区接受包括医疗、护理和生活支援等在内的综合性服务。

按照 2014 年制定的“地域医疗、护理综合保障推进法”提出的理念，2015 年 4 月《护理保险法》再次进行修订，修订的内容在此后几年内依次实施。

如 2015 年 4 月起增加了减轻低收入者保费缴纳制度并修改老年人护理福利机构入住标准；从 2015 年 8 月开始，对一定收入以上的人提高其需要自付的护理费用比例，发放记载护理保险负担比例的比例证书，收入低的护理服务享受人可以享受的伙食费、住宿费减免政策和调整高额护理服务的上限额；从 2016 年 4 月开始，将在小规模机构接受护理服务的形式向“地域紧密结合型服务②”

---

① 地区一体化看护，是为了让需要重度护理的人在自己住惯了的地区继续过自己想要的生活，而提供的居住、医疗、护理、预防、生活支援等一体化服务的制度。在距离需要护理的人的住处 30 分钟以内的范围内开设医院、通勤型机构、居住性护理服务机构。地方政府作为主体推进此类施舍的开设和运营。

② 地域紧密结合型服务，是指为了服务享受人能在住惯的地区通过接受多种灵活服务继续在当地生活而设立的服务。此种服务以事业所或机构所在的市町村居民为基本服务对象。事业所和机构的指定及指导由市町村安排，根据地域的实际情况，市町村设定护理报酬（只限定期巡回、随时应对型上门护理、夜间对应型上门护理和小规模多功能型居家护理）。地域居民参与机构的指定（否决）以及指定标准和报酬的设定，确保公平、公正和透明度。

形式转变；从 2017 年 4 月起，全面推广减轻低收入人群保费缴纳制度等。

（二）护理保险制度的组成

1. 保险机构

护理保险机构，即护理保险制度的运营主体。护理保险制度的运营主体为居民所在地的区市町村政府。区市町村政府负责保险费金支付、护理等级认定以及向第 1 号被保险人（详见下文）征收保险费等工作。除此以外，国家和东京都政府也为护理保险制度的顺利运营提供一定的支援。

2. 被保险人

护理保险的被保险人以 65 岁为界分为两大类群体。65 岁以上的人，通常被称为“第 1 号被保险人”；40 ~ 64 岁的人，通常被称为“第 2 号被保险人”。

护理保险的被保险人，在满足一定的标准后即可以申请享受护理服务。其中，第 1 号被保险人无论出于何种原因，只要达到需要支援或护理的状态就可以享受护理服务；第 2 号被保险人，在因癌症晚期、风湿性关节炎等疾病而需要支援或者护理时，方可享受护理服务（见表 8 – 2）。

表 8 – 2　护理保险制度的第 1 号被保险人与第 2 号被保险人

对象范围	第 1 号被保险人	第 2 号被保险人
	65 岁以上的人	40 岁至 64 岁、加入医疗保险的人
人数	3, 202 万人 （65 ~ 74 岁：1, 652 万人 75 岁以上：1, 549 万人） 不足 1 万的人数忽略不计	4, 247 万人
享受护理服务的条件	需要护理的状态：因卧床不起、痴呆症等原因需要护理的状态 需要支援的状态：需要在日常生活等方面进行支援的状态	虽然进入需要护理或者支援的状态，但是仅限定于癌症晚期、风湿性关节炎等因年龄增长、身体机能退化引发疾病的情况。

续表

对象范围	第 1 号被保险人	第 2 号被保险人
	65 岁以上的人	40 岁至 64 岁、加入医疗保险的人
被认定为需要护理（需要支援）的人数和占被保险人数的比例	569 万人（17.8%） 65～74 岁：72 万人（4.4%） 75 岁以上：497 万人（32.1%）	15 万人（0.4%）
保费收缴情况	由市町村征收（原则上从年金中预扣）	加入医疗保险的人在缴纳医疗保险费时一并缴纳

注：表中第 1 号被保险人以及被认定为需要护理（需要支援）的人数来自《2013 年度护理保险事业状况报道年报》。第 2 号被保险人数来自社会保险诊疗报酬支付基金（日本医保费用结算结构之一）为了确定护理费缴纳金额而从医疗保险机构获得的报告，该数值为 2013 年度的月平均值。

3. 可享受的服务

护理保险提供的服务，也可称为护理保险的给付内容。护理保险的服务为容主要有被认定为需要护理 1～5 级的人可以享受的服务（护理给付），和被认定为需要支援 1～2 级的人可以享受的服务（预防给付）。预防给付是以预防护理（即维持、提高身体机能，预防或减慢身体进入需要护理的状态）为目的，以适于轻度患者的服务内容、服务期间和方法，向有需求的人提供服务。

此外，护理保险提供的服务还包括地域紧密结合型的服务，该服务是指以事业所或机构所在区市町村的居民为基本享受对象，让其在自己已经习惯的居住地区享受多种灵活服务。

（1）护理计划的制定。

● 居家护理支援（针对需要护理的人）。为确保需要护理的人能够适当享受居家服务，居家护理支援事业所根据服务享受人的身心状况、生活环境并结合本人意愿制定护理计划，与提供服务的企业进行联络协调。

● 护理预防支援（针对需要支援的人）。地域一揽子支援中心以防止需要支援状态恶化为重点，设定具体目标，制定护理计划，为服务享受人提供有助于自立生活的护理预防服务。

需要护理和需要支援的护理计划也可由服务享受人本人自己制定。

有关护理计划制定的流程，将在第三部分“（四）护理服务的申请和享受流程”中的“3. 护理服务计划的制定”中进行详细介绍。

（2）居家服务。

- 上门护理①。具体如表 8－3 所示。

表 8－3　上门护理服务项目

针对需要护理的人	家庭助理上门家访，进行饮食和如厕等日常生活的护理，提供烹饪和衣物清洗等生活援助。
针对需要支援的人	家庭助理上门家访，对于享受服务人无法自理的行为，进行饮食和如厕等日常生活的护理，提供烹饪和衣物清洗等生活援助，预防进入需要护理的状态。

注：在已经开始护理预防/日常生活支援综合事业的地方，区市町村将提供“护理预防/生活支援服务事业”。

- 定期巡回/随时对应型上门护理*。家庭助理和护士等，定期巡视享受服务人的家庭，或者根据享受服务人的要求进行家访，提供护理和疗养上的照顾。需要支援的人不能利用此项服务。
- 夜间对应型上门护理*。在夜间，家庭助理等人定期巡视服务享受人的家庭，或根据享受服务人的要求进行家访，提供护理或起居照顾。需要支援的人不能利用此项服务。
- 上门沐浴护理。以无法在自己家浴室入浴的人为对象，将浴缸搬入享受服务人的家里提供沐浴服务。
- 上门护理。由护士等人进行家访，遵照主治医生的指示进行疗养、照顾和辅助治疗。

---

① 上门护理和上门看护虽然都是由护理服务机构的工作人员上门“访问”服务享受人，但“护理”是指餐饮、洗澡等日常生活上的帮助不包含医疗行为，而“看护”是指护士等人员按照医生的指示进行的医疗行为，如人工呼吸器的管理、复健等。此外，根据疗养的需要，上门看护也可以像上门护理那样提供饮食、沐浴等照顾。

● 上门康复指导。由理学疗法师、作业疗法师或语言训练师进行家访，提供训练指导，帮助服务享受人维持恢复身心机能，实现日常生活的自立。

● 居家疗养管理指导。由医师、牙科医生、药剂师、护士、营养管理师等人，根据无法去医院的服务享受人的身心状况和生活环境等，提供指导和建议。

（3）机构服务。

其一，前往护理机构接受的服务，其中包括以下几种类型：

● 前往机构接受护理、在地域紧密结合型机构接受护理*（日间服务），具体服务项目如表 8－4 所示。

表 8－4 接受护理的具体服务项目

针对需要护理的人	前往护理机构接受饮食、沐浴等日常生活的支援，参加机能恢复的训练和娱乐活动。此外，在配备医疗服务的护理事业所，可以针对身患疑难杂病或者癌症的需要护理的人提供改善口腔机能和营养状态的服务。 2016 年 4 月以后，前往定员 18 人以下的小规模机构接受的护理，作为“在地域紧密结合型机构接受的护理”向地域紧密结合型服务转型。
针对需要支援的人	接受就餐方面等支援，进行机能恢复的训练。此外，还有部分事业所可以根据每个服务享受者的不同要求，以“自选服务”的形式，提供提高运动器官（身体活动的肌肉和骨关节等）机能和口腔机能、改善营养的服务。 在已经开始护理预防/日常生活支援综合事业①的地方，区市町村将提供“护理预防/生活支援服务事业”。

● 痴呆症对应型的机构护理（日间服务）*。服务享受人定期前往护理机构，接受针对痴呆症高龄患者的护理和机能训练，以此达到尽可能在家进行日常生活自理的目的。

● 在机构接受康复指导（日间护理），具体服务项目如表 8－5 所示。

---

① 护理预防/日常生活支援综合事业，是指以市町村为中心，根据各地的实际情况，通过居民等各类主体参加以及多样性服务的提供，推进地区内部间相互支持体制形成的，对需要支援的人提供高效支援的一种体制。

表 8－5　　　　接受康复指导的具体服务项目

针对需要护理的人	前往医疗机构或老人保健机构，接受维持、恢复身心机能和提高日常生活自理能力的训练指导。 此外，还有事业所可以提供改善口腔机能和营养状态的服务。
针对需要支援的人	接受恢复机能和提高日常生活自理能力的训练。此外，还有事业所可以根据每个服务享受人的不同要求，以“自选服务”的形式，提供提高运动器官机能、口腔机能、改善营养的服务。

• 短期入住机构的生活护理（在福利系统短期陪住）。短期入住特别保健养老院，接受沐浴饮食等日常生活的护理和机能训练。此项服务的享受期限最长为连续 30 天。

• 短期入住机构的疗养护理（医疗系统的短期陪住护理）。短期入住医疗机构或护理老人的保健机构，在医生和护士的医学管理下，得到疗养照顾和日常生活的护理，并接受机能训练。此项服务的享受期限最长为连续 30 天。

• 小规模多功能型的居家护理*。服务享受人主要通过前往附近的地域事业所，接受饮食、沐浴和机能训练等服务。此外，根据服务享受人的状态和期望，在需要护理的程度加重时，可提供在同一事业所住宿，或随时上门服务，使得服务享受人能够继续在家中生活。

• 小规模多功能型居家护理*。小规模多功能型居家护理和上门看护相结合的服务，在同一事业所提供“前往机构”“提供住宿”“上门护理”“上门看护”等多项服务，由此支援对医疗需求很高的服务享受人，使他们能够继续在家里生活。需要支援的人不能享受此项服务。

其二，入住护理机构等机构一边生活一边享受服务，其中包括以下几种类型：

• 老人护理保健机构。为了帮助病情稳定后出院的人早日恢复在家生活的能力，此项机构提供以康复指导为中心的医疗护理和看护。需要支援的人不能享受此项服务。

• 老人护理福利机构（特别保健养老院）。此项机构可以为随时需要护理而无法在家生活的人提供入住服务。享受服务的人可以接受饮食和如厕等日常生活方面的护理以及起居方面的照顾。需要支援的人不能享受此项服务。

• 地域紧密结合型老人护理福利机构*（特别保健养老院）。此项机构为定员不超过30人的小规模特别保健养老院，可以为随时需要护理而无法在家生活的人提供入住服务。享受服务的人可以接受饮食和如厕等日常生活方面的护理以及起居方面的照顾。需要支援的人不能享受此项服务。

● 护理疗养型医疗机构。此项机构可以为那些需要较长期的日常医疗护理、长期康复指导和看护的人提供入住服务。需要支援的人不能享受此项服务。

● 应对痴呆症等的共同生活护理*（高龄痴呆症患者集体护理机构）。5～9人的痴呆症高龄患者共同生活，在具有家庭氛围的环境中接受护理和起居照顾。需要支援一级的人不能享受此项服务。

● 在特定机构居住者的生活护理。在护理保险企业指定的收费养老院或经济型养老院一边生活一边接受护理服务。此外，还有“享受外部服务的特定机构”，可以接受机构以外的企业提供的服务。

● 在地域紧密结合型机构居住者的生活护理*。在护理保险企业指定的、定员不超过30人的小规模收费养老院或经济型养老院一边生活一边接受护理服务。此外，地域紧密结合型特定机构的入住者仅限于需要护理的本人及其配偶（护理专用型特定机构），接受护理服务的对象仅限于需要护理的本人。需要支援的人不能享受此项服务。

在上述介绍中，有“*”标识的服务由于是地域紧密结合型服务，因此事业所与机构的所在区市町村的居民为基本服务享受对象。

（4）其他服务。

● 福利用具的出借，具体如表8－6所示。

表8－6 福利用具出借服务项目

需要护理二至五级	可以借用护理专用床、轮椅车、预防褥疮用品等辅助居家生活的用具
需要护理一级/需要支援的人	为了维持/提高生活技能，可以借用限定的福利用具（原则上有扶手、消除高差的斜坡板、扶车、步行辅助拐杖）

● 福利用具购买费用的支付。不习惯借用而希望向指定企业购买便桶及入浴用座椅时，其费用可以部分报销。服务享受人首先自行支付全额购买费用，之后通过护理保险报销其中90%（或80%，支付金额有限度）。

● 住宅改装费用的支付。在进行安装扶手或斜坡板等小规模住宅改装时，可获得部分费用的报销。住宅改装前必须向市町村提出住宅改装的申请。服务享受人首先自行支付全额的改装费用，之后通过护理保险报销其中 90%（或 80%，支付金额有限度）。

三、护理保险制度运行机制

（一）护理保险收入的来源

1. 护理保险收入来源的组成

日本护理保险的保费收入来源主要分为两大部分，即政府（公费）和被保险人（保费收入）分别负担 50%。其中，政府负担的费用中，中央政府（国库）、都道府县和市町村各自按照 25%、12.5% 和 12.5% 的比例承担。此外，中央政府承担的 25% 中，5% 为调整补助金，根据第 1 号被保险人中 75 岁以上的高龄者所占比例、收入等级的比例等进行调整补贴（见图 8－1）。

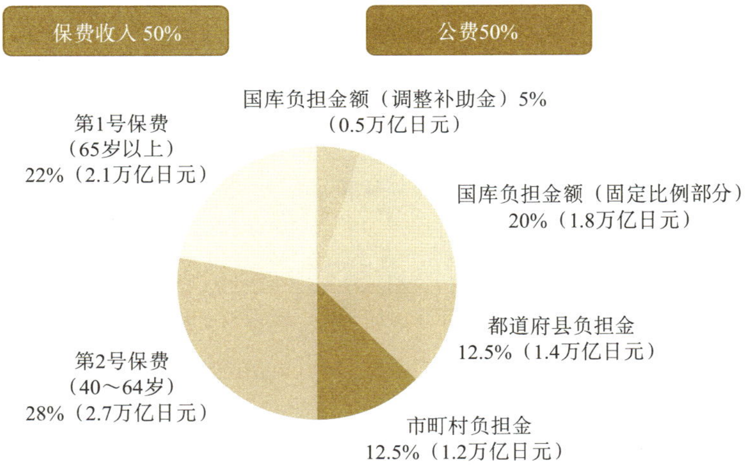

注：（1）图中的数据来自 2016 年护理保险预算案，其中护理费用支付额为 9.6 万亿日元。护理服务享受人自己负担额为 0.7 万亿日元，预计总支出费用为 10.4 万亿日元。

（2）图中的数据由于四舍五入的原因，单项数值之和与总金额不一致。

图 8－1　护理保险收入构成和规模

被保险人承担的部分由第1号被保险人和第2号被保险人按照各自的人口总数比例承担，每3年（即一个护理保险事业计划周期）计算一次，目前的比例分别为22%和28%。

2. 调整补助金制度

各市町村的护理保险收入和支付金额均不相同，国库负担比例（25%）中的5%的部分就是针对这一情况进行补贴，以消除各市町村在护理保险方面的财政收支差。其中，针对“后期高龄者的人数比例高导致支付费用增多”，“被保险人的收入水平低导致护理保险收入减少”的情况引起各市町村的护理保险财政收支差，通过“普通调整补助金”进行调整；对于灾害等引起的特别情况，通过“特别调整补助金”进行调整。

对于普通调整补助金，第1号被保险人中75岁以上人所占的比例（后期老龄者①参保比例）以及被保险人各收入等级的比例与第1号被保险人占全国人口的比例之间存在差异，为了对由此形成基准保费差额进行调整，有时需要进行一定补贴（见图8－2）。

图8－2 调整补助金流程

① 后期高龄者，是指年龄超过75岁的老人。

② 前期高龄者，是指年龄在65~75岁的老人。

其具体的计算方法如下：

各市町村的普通调整补助金的补助额 = 该市町村的标准支付额 × 普通调整补助金的补助额（%）

普通调整补助金的补助比例（%）= 27% －（22% × 后期高龄者参保比例补正系数 × 相应收入等级被保险人数补正系数）

3. 护理保险给付支出和保费收入变化趋势

护理保险制度设立之初，市町村以 5 年为一个周期对护理保险事业计划进行一次评估。自 2006 年《护理保险法》进行修订后，护理保险事业计划变为 3 年一个周期，对护理保险支付和保费的收支情况进行评估，并且对计划的内容进行一次调整。护理保险的保费，以事业计划中制定的服务所需费用的预期额为基础，以保持未来 3 年内护理保险财政收支平衡而设定（见图 8－3）。

护理保险保费收入最大的特征就是"量出计入"，即首先推算每年护理费用的支出额，然后根据该支出额决定每年需要征收的护理保险保费的总额。在推算每年护理费用支出额时，需要参考如下的因素：

（1）被保险人的数量；

（2）需要享受护理服务的人数；

（3）需要进行护理等级认定的人数（接受护理预防后的）；

（4）享受机构服务的人数；

（5）居家·地区紧密型服务享受者的人数；

（6）居家·地区紧密型服务的供给量；

（7）居家·地区紧密型以及机构服务所需的费用；

（8）费用总额以及标准的支付金额；

（9）地域支援事业费用；

（10）需要征收的保费（第 1 号被保险人）。

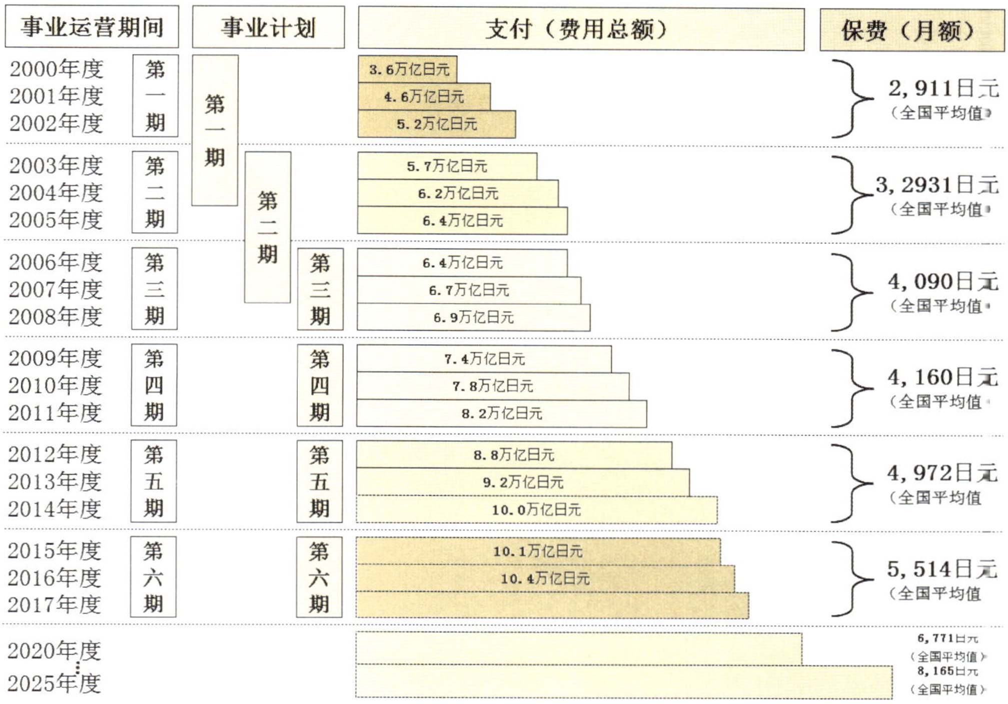

注：（1）图中截止到2013年度的数据为实际发生的支付的费用，2014～2016年的数据为期初的预算案。

（2）2020年度以及2025年度的保险费为根据全国保险机构制作的第6期护理保险事业计划计算的推算值。

图8－3　护理保险支出与保费收入变化趋势

（二）保费征收

1. 第1号被保险人

（1）护理保费的金额。第1号被保险人的保费按照各区市町村每3年规定的基准额，乘以与收入等级相应的比例决定，其金额根据各区市町村的情况有所不同。护理保险费的标准等级规定如表8－7所示。

（2）护理保险费的缴纳方法。护理保险费的缴纳方法分为从年金中自动扣除的特别征收和向金融机关缴纳的普通征收两种。特别征收，是以年度领取老龄退休年金、遗属年金或残疾年金18万日元以上的人为对象，在定期支付年金

表 8－7　　护理保险费的标准等级

收入等级	对象者	保费金额
第 1 等级	• 家庭全体成员属于区市町村民税非课税者，生活保护领取者或老龄福利年金领取者 • 家庭全体成员属于区市町村民税非课税者，上一年度的总收入和课税年金收入的总和在 80 万日元以下的人	基准额 ×0.5 （2015、2016 年度 45%） （2017 年度 30%）
第 2 等级	家庭全体成员属于区市町村民税非课税者，上一年度的总收入和课税年金收入的总和在 80 万日元以上、120 万日元以下的人	基准额 ×0.75 （2017 年度 50%）
第 3 等级	家庭全体成员属于区市町村民税非课税者，但是不符合第 1 和第 2 等级条件的人	基准额 ×0.75 （2017 年度 70%）
第 4 等级	虽然本人为区市町村民税非课税者，但家中有纳税人，上一年度的总收入和课税年金收入的总和在 80 万日元以下的人	基准额 ×0.9
第 5 等级	家庭全体成员属于区市町村民税非课税者，但是不符合第 4 等级的人	基准额
第 6 等级	本人缴纳区市町村民税，上一年度的总收入不超过 120 万日元的人	基准额 ×1.2
第 7 等级	本人缴纳区市町村民税，上一年度的总收入超过 120 万日元但不足 190 万日元的人	基准额 ×1.3
第 8 等级	本人缴纳区市町村民税，上一年度的总收入超过 190 万日元但不足 290 万日元的人	基准额 ×1.5
第 9 等级	本人缴纳区市町村民税，上一年度的总收入超过 290 万日元的人	基准额 ×1.7

注：（1）第 1 等级到第 3 等级的人，根据护理保险法可以减少缴纳保费（第 1 等级的人从 2015 年度开始，第 2、3 等级的人从 2017 年开始享受此项待遇）。

（2）表中括号内的百分比为保费可以减少的最大限度。

时（一年 6 次）从年金中自动扣除保费。普通征收，其缴纳时间和次数在各区市町村均有不同规定。

2. 第 2 号被保险人

（1）护理保费的金额。

• 加入国民健康保险的人。加入国民健康保险的人需要缴纳的护理保费金额的计算方法与国民健康保险费的计算方法相同，根据每户家庭的情况而定，国民健康保险和护理保险的保费一并由家庭的户主缴纳（见图 8－4）。

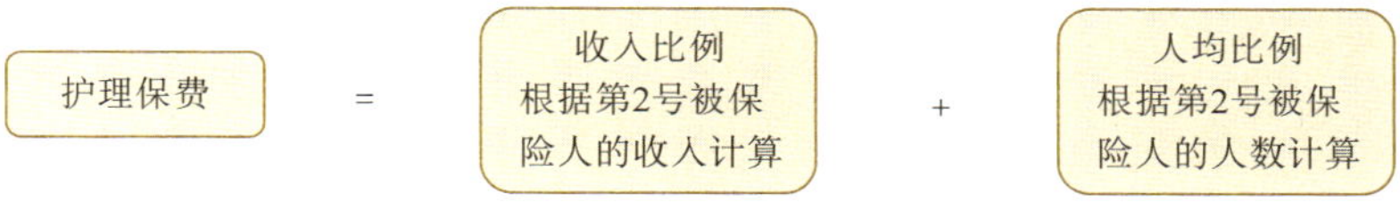

图 8－4　护理保险保费的计算方法

• 加入商业医疗保险的人。加入商业医疗保险的人需要缴纳的护理保费金额根据如下两方面决定：

其一，参保的医疗保险对应的护理保险费率；

其二，个人工资（基本工资和奖金）。

护理保费＝工资和资金×护理保险费率

（2）护理保险费的缴纳方法。第 2 号被保险人的保费作为医疗保险（国民健康保险等）保费的一部分单独征收。

例如，东京一家 A 公司加入了国民健康保险的工作员工，2014 年 9 月以后 40～46 岁的参保人（第 2 号被保险人）的健康保险费率为 11.69%，其他员工的健康保险费率为 9.97%。年龄为 50 岁的甲员工和 32 岁的乙员工基本工资均为 300,000 日元的情况下，甲乙两人需缴纳的健康保险保费分别为 35,070 日元和 29,910 日元，甲员工比乙员工多缴纳的 5,160 日元健康保险保费即为护理保险费。

3. 延迟缴纳保费后的影响

护理保险是一项需要护理和支援的高龄者相互支援的制度。因此，所有被保险人无论是否需要服务都必须缴纳保费。根据《护理保险法》的规定，被保险人的配偶及其他家属具有支付护理保费的连带义务。对于不缴纳保险费的人，在此后享受护理服务时会面临如下的惩罚措施：

（1）延迟缴纳保费时间超过一年以上时→护理保险费用支付方式变更。不再仅缴纳自己应负担的部分，而是首先缴纳全额的服务费用。在此之后，需经过申请才能领取原本应由护理保险支付的部分费用。

（2）延迟缴纳保费时间超过一年六个月以上时→护理费用暂时中止支付。护理费用的一部分或全部将被暂时停止支付，未支付的护理费用有可能会被用于抵充被拖欠的保费。

（3）延迟缴纳保费时间超过两年以上时→护理费用支付额减少。如果延迟缴纳保费时间超过两年，将导致服务时效过期。在享受护理服务时，如果有到期未付的保费，在一定期间内，护理服务享受人需承担的护理费用比例由原来的10%（或20%）变为30%，而且不再向护理服务享受人支付高额护理服务费以及因特殊原因入住护理机构的护理费用。

（三）护理服务享受人的负担和负担额减轻制度

1. 护理服务享受人的负担

（1）护理服务享受人个人负担的费用。享受护理服务时，所需服务费用的90%由护理保险支付，剩余的10%由护理服务享受者个人负担（注）。另外，2015年8月开始一定收入以上者的个人负担比例改为20%（见图8－5），服务享受人可以领取记载护理保险负担比例的比例证书。居家护得预防支援无须个人负担（注）。

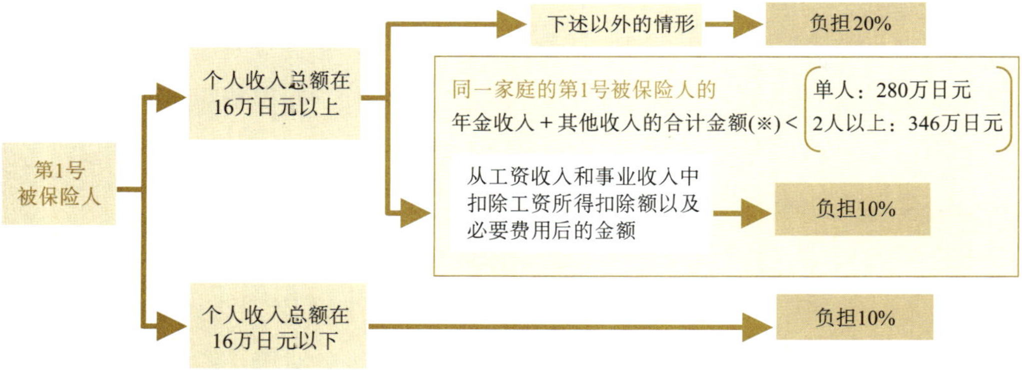

注：所谓其他收入的合计金额，是指从收入中扣除公共年金扣除额、工资所得扣除额以及必要经费后，扣除基础扣除额和规定的家庭成员人均扣除额之前的金额。

图8－5　护理服务享受人的个人负担费用

（2）在家中接受服务的支付限度基准额。根据需要护理状态的不同，在家中接受服务时护理保险支付的上限额也不同（支付限度基准额参照表 8－8）。享受超过上限额的服务时，超额部分由享受服务人个人负担全额费用。

实际的上限额（支付限度基准额）由单位数决定。每个单位的单价根据地域标准和服务内容的不同而不同，表 8－8 中所列数据为大概数值，每单位按 10 日元计算。

表 8－8 护理保险支付限额

需要护理/支援等级	可以接受保险支付的上限金额（平均一个月的大致金额）
需要支援一级	50,030 日元
需要支援二级	104,730 日元
需要护理一级	166,920 日元
需要护理二级	196,160 日元
需要护理三级	269,310 日元
需要护理四级	308,060 日元
需要护理五级	360,650 日元

2. 护理服务享受人负担额的减轻制度

（1）高额护理服务费的支付。护理服务享受人负担的一个月护理服务费总额超过一定上限时，超额的部分可以获得补助。此外，如果一年中的医疗保险和护理保险的个负担总额特别高时，以“高额医疗合并护理服务费”的形式将一定的金额返还给服务享受人。

（2）个人负担伙食费等以及减轻制度。享受机构服务时，享受人需自行负担伙食费、住宿费（水电费）和日常生活费。另外，前往机构接受护理服务（日间服务）和短期入住机构接受护理服务，享受人需自行负担伙食费和住宿费。

机构服务和短期入住机构生活护理等的负担金额根据享受人与机构之间签订的合同而定，但是对于低收入者（第 1 等级到第 3 等级）将根据收入可享受负担减轻待遇（入住特定机构的人可获得护理服务补贴）。

然而，服务享受人的配偶为居民税课税者的或持有一定存款（单人存款超过1,000万日元、夫妇共同存款超过2,000万日元）以上的人是不能享受伙食费、住宿费减轻（补贴）待遇（从2015年8月开始）。

（3）针对生活困难者的负担减轻制度。市町村对被认定为“生活困难”的服务享受人设有费用减免制度，护理服务费用中个人负担的10%部分或伙食费、机构住宿费可获得大约25%的减免。

（四）护理服务的申请和享受流程

若想获得护理服务，首先向各区市町村提出申请，对需要护理（支援）的等级进行认定，之后申请人与护理支援专员（护理干事）咨询后共同制定护理计划，最后根据该计划的内容享受护理服务（见图8－6）。

在那些已经开展护理预防/日常生活支援综合事业的区市町村，在咨询窗口领取基本检查表后，如果满足一定的标准，即可以获得护理人员来访或前往护理场所接受护理预防服务/生活支援等服务。

1. 护理服务使用的申请

本人或者家属直接向区市町村进行申请。

（1）第1号被保险人（65岁以上）：无论造成需要护理的原因如何，均可获得护理服务。

（2）第2号被保险人（40～64岁）：如果因以下特定疾病的原因而需要护理，可以获得护理服务：

- 癌症（晚期）；
- 风湿性关节炎；
- 肌肉萎缩性侧索硬化症；
- 后纵韧带骨化症；
- 伴随骨折的骨质疏松症；
- 初老期痴呆症；

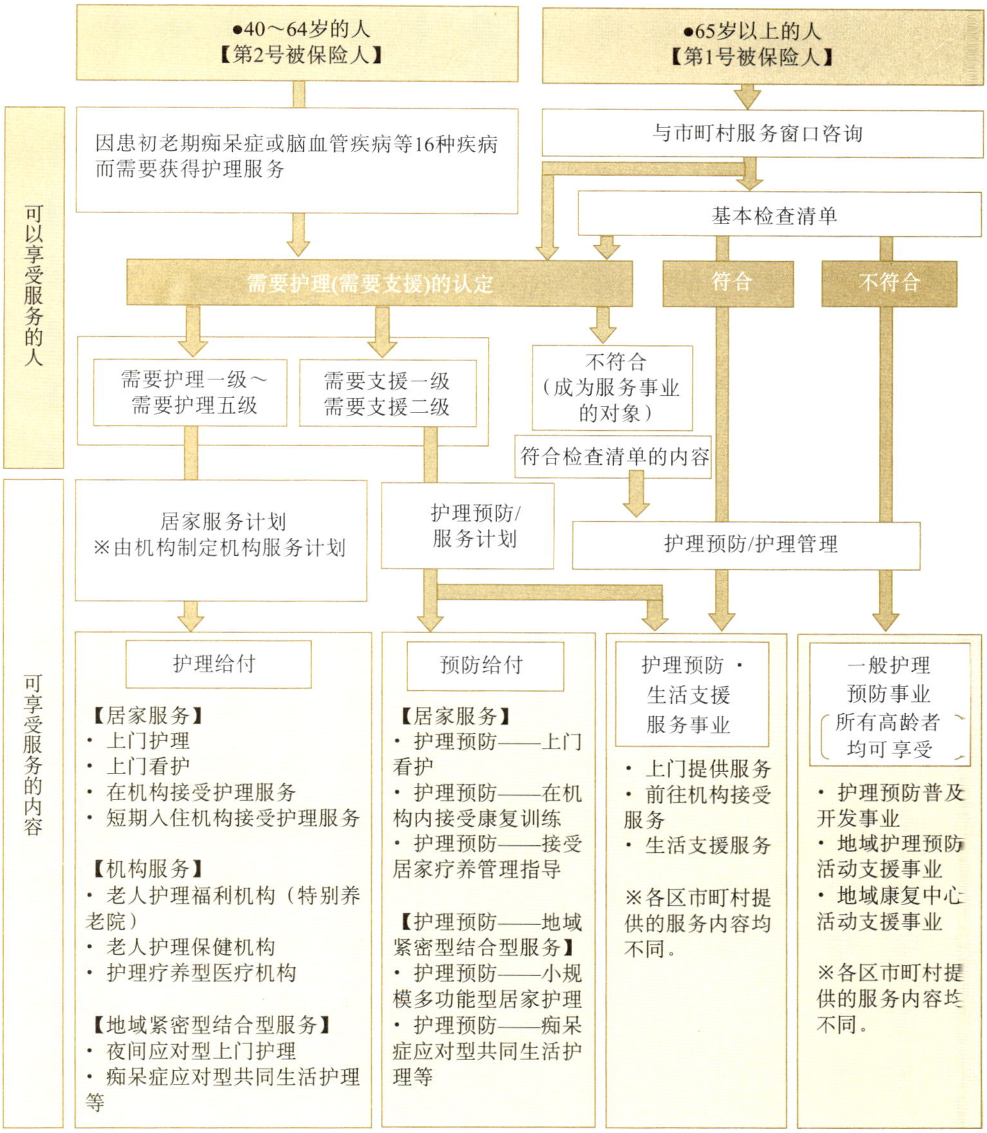

注：外国人在日滞留超过3个月的、特别永住者等也可以加入护理保险。

图8－6　护理服务的申请和享受流程

- 进行性核上性麻痹、大脑皮层基底核变性症以及帕金森氏病；
- 脊髓小脑变性症；
- 脊椎管狭窄症；

- 早衰症；
- 多系统萎缩症；
- 糖尿病性神经障碍、糖尿病性肾症以及糖尿病性网膜症；
- 脑血管疾病；
- 闭塞性动脉硬化症；
- 慢性闭塞性肺疾病；
- 两侧膝关节或股关节有显著变形的变形性关节症。

2. 是否需要护理（需要支援）的认定

（1）是否需要护理（需要支援）的认定流程，对护理和支援的必要等级进行判定。

- 访问调查。收到申请后，认定调查员将会前往申请人的家中进行家访，对申请者人身心状态和日常生活状况等进行询问调查。

- 一次判定。通过电脑，将认定调查员的访问调查结果以及主治医生开具的意见书中部分内容进行处理。根据处理的数据，再由保健/医疗/福利专家组成的护理认定审查会进行一次判定。

- 二次判定。根据一次判定的结果和主治医生开具的意见书，通过综合判断后护理认定审查会进行二次判定。

- 结果通知。根据二次判定的结果，区市町村政府对于需要护理（需要支援）进行等级区分认定，并将结果通知给申请人。

（2）需要护理状态的等级区分，具体如图 8 -7 所示。

3. 护理服务计划的制定

（1）接受护理保险服务时，为了能够独立生活，被服务人会与护理支援专员（护理干事）一起根据自身需要制定综合的护理计划。

- 被认定为需要护理一至五级的人。护理计划可以委托居家护理支援事务所的护理干事制定，也可以由申请人本人制定。

- 被认定为需要支援一至二级的人。护理计划可以委托地域总括支援中心制定，也可以由申请人本人制定。

轻度 → 重度

等级	各级等级的平均状态
需要支援一级	①在居室清扫、部分日常生活照料等方面需要获得一定帮助； ②在进行起身、单脚保持站立等复杂动作方面有时需要获得某种的辅助； ③自己可以进行如厕和进餐。
需要支援二级	①在穿衣、居室清扫等日常生活照料方面需要获得一定的帮助； ②进行起身、单脚保持站立姿势等复杂动作时需要获得辅助； ③在进行走路、双脚保持站立姿势等移动的动作时，偶尔需要获得一定的辅助； ④自己可以进行如厕和进餐。
需要护理一级	①～④项与“需要支援二级”相同； ⑤有时出现精神、行动障碍和认知机能下降的状态。
需要护理二级	①在穿衣、居室清扫等各种日常生活照料方面需要获得一定的帮助； ②进行起身、单脚保持站立等复杂动作时，时常需要获得一定的辅助； ③在进行走路、双脚保持站立姿势等移动的动作时，需要获得一定的辅助； ④如厕和进餐等有时需要一定的辅助； ⑤有时出现精神、行动障碍和认知机能下降的状态。
需要护理三级	①自己不能穿衣、居室清扫等各种日常生活照料； ②不能独立进行起身、单脚保持站立等复杂动作； ③有时自己不能走路、保持双脚站立姿势等移动的动作； ④几乎不能如厕； ⑤有时出现几种精神、行动障碍和全部认知机能下降的状态。
需要护理四级	①自己基本上不能穿衣、居室清扫等各种日常生活照料； ②自己基本不能进行起身、单脚保持站立等复杂动作； ③不能独立走路、保持双脚站立姿势等移动的动作； ④几乎不能如厕； ⑤有时出现多种精神、行动障碍和全部认知机能下降的状态。
需要护理五级	①自己基本上不能穿衣、居室清扫等各种日常生活照料； ②自己基本不能进行起身、单脚保持站立等复杂动作； ③自己完全不能走路、保持双脚站立姿势等移动的动作； ④几乎不能如厕、进餐； ⑤有时出现多种精神、行动障碍和全部认知机能下降的状态。

“预防给付服务”（需要支援一级、二级）
在需要支援的状态下，为了防止身体状况近一步恶化而进行的护理服务。

“护理给付服务”（需要护理一级至三级）
- 面向比需要支援等级更严重的患者。
- 可利用访问护理及护理机构提供的护理服务。

注：图中表示的状态为平均状态。在实际认定过程中，申请人的状态有时会与表中所示的状态不一致。

图 8－7　需要护理状态的等级区分

（2）根据认定需要护理（需要支援）的不同等级，护理保险的服务费用渠额（支付限度基准额）也有所不同。

4. 护理服务的享受

（1）根据护理计划，申请人与提供服务的事业所签订合约，接受服务。

（2）签订时，需要确认有关服务时间、费用、内容、取消服务的方法以及对服务不满时解决方法等事宜。

（3）支付限额基准以内的服务费用，10%（2015 年 8 月开始，一定收入以上的人为 20%）由被服务人自己负担。超出支付限额基准的服务费全额由被服务人自己负担。

（4）被认定为不符合需要护理（需要支援）条件的人，为了维持生活机能，也可以享受地域支援事业提供的服务。

四、护理保险制度的特点

（一）制度统一、服务高效性

在护理保险制度设立之前，日本国内针对老年人的福利制度分为福利服务和医疗服务两部分。老年人在享受这两类服务时需要分别申请，手续烦琐，并且在费用负担方面还存在分担不合理等问题。护理保险制度将这两类服务合二为一，不仅简化了服务的申请、享受流程，而且还让老年人可以同时享受福利专家和专业医师提供的综合性服务。

以前基本上由市町村和公立的团体提供福利服务，但是引入护理保险制度后，包括民间企业、农业协同组合、消费生活协同组合和非营利性组织等在内的企业均可以参与提供护理服务。由于参与的企业数量多大大激发了企业的竞争意识，不仅服务内容呈现出多样性可以满足老年人各种细节上的需求，而且在服务质量上也有很大的改善。

（二）服务内容可选性

护理保险制度实行之前，高龄者福利服务是一项政策性服务，即由市町村机关决定老年人在何处、可以享受何种服务，无论享受者本人还是其家属是无法选择的。然而，护理保险制度在这一方面的设计非常人性化，服务享受人既可以根据自身的情况选择自己想要接受哪些服务，也可以向有关的护理支援专家咨询制定护理计划，然后根据该计划的内容选择一家企业签订服务享受合同、接受服务。

（三）费用负担公平化

在以往实行的福利制度中，中高收入的老年人根据其收入缴纳福利费用，因此这些老年人的福利费用负担较重，但是在护理保险制度中，无论老年人的收入高低，服务享受者基本上只负担全部护理费用的10%。尽管从2015年8月开始一定收入以上的服务享受人负担比例被上调至20%，但是整体而言，依然比之前负担减轻了许多。

在实行护理保险制度之前，特殊护理养老院等护理机构数量非常有限，很多老人无法及时入住机构享受护理服务，加上中高收入的老人需要缴纳高额护理费，在接受服务时收费又很高，一些需要护理的老人更愿意选择长期住院这种既经济又实惠的方式获得护理服务，由此引发了大量的社会性住院现象，导致医疗过度问题越来越严重。此外，医院原本是以治病就医为目的而设立，对于需要长期护理的人而言仅凭医院的机构无法满足其需求，例如，居住的面积过小，沐浴和食堂等机构不完善等。实行护理保险制度后，提高龄者不用再为护理费用发愁，随着提供护理服务的机构增多服务水平也提高了，使得社会性住院和过度医疗问题均得到了充分的改善。

五、护理保险制度现状与未来

（一）现状

1. 护理保险参保对象和服务享受人数的变化

护理保险制度自设立以来已有15年之久，在此期间65岁以上的被保险人数大约增加了1.5倍，护理服务享受人数大约增长3倍（见表8－9、表8－10和表8－11）。

表8－9　65岁以上被保险人数的增加

	2000年4月末		2015年4月末	
第1号被保险人数	2,165万人	⇒	3,308万人	1.53倍

表8－10　需要护理（需要支援）认定者人数的增加

	2000年4月末		2015年4月末	
认定者人数	218万人	⇒	608万人	2.79倍

表8－11　护理服务享受人数的增加

	2000年4月末		2015年4月末	
居家服务享受人数	97万人	⇒	382万人	3.94倍
机构服务享受人数	52万人	⇒	90万人	1.73倍
地域紧密型服务享受人数	－		39万人	
合　计	149万人	⇒	511万人	3.43倍

2. 各级需要护理/需要支援认定人数的变化

需要护理（需要支援）的认定人数在2015年4月时达到608万人，自护理保险制度设立以来15年间大约增长2.79倍。其中，轻度的认定者人数增加幅度最大。另外，整体人数的增速再次扩大（见图8－8）。

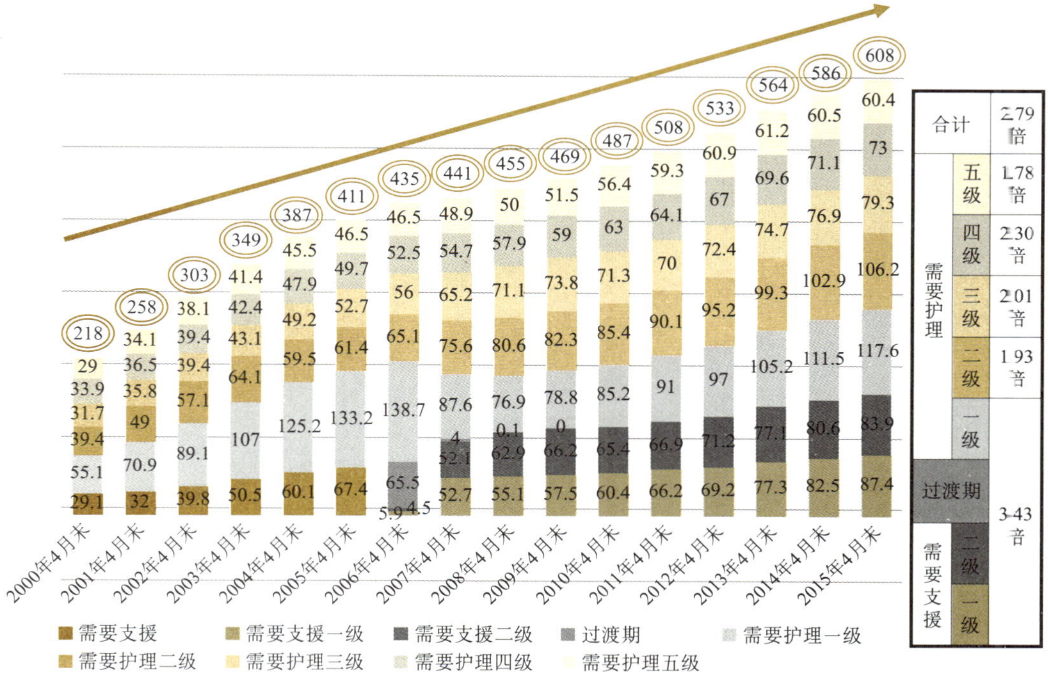

图8－8　各级需要护理/需要支援认定人数的变化

3. 护理服务享受人数的变化以及75岁以上老人的增长

护理保险制度设立15年以来，服务享受人数大约增加363万人（3.44倍）。特别是，居家服务享受人数增加幅度最大（见图8－9）。同时75岁以上老年人口也在不断增多（见图8－10）。

（二）今后面临的课题

1. 对于需要护理程度较高的老年人虐待问题

老年人入住机构时，其中一个重要的课题就是对于老年人的虐待问题。因患阿尔茨海默病而需要接受重度护理的老年人很难在家中接受护理。由于家人护理能力和精力都非常有限，大部分的患者被送往机构接受护理。然而，在实

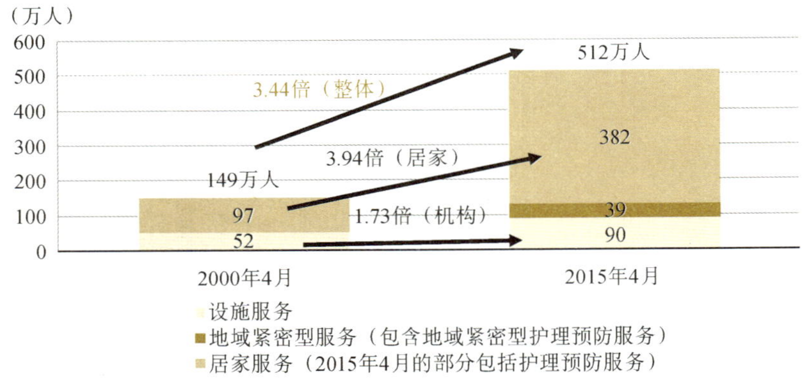

图 8－9　护理服务享受人数的变化

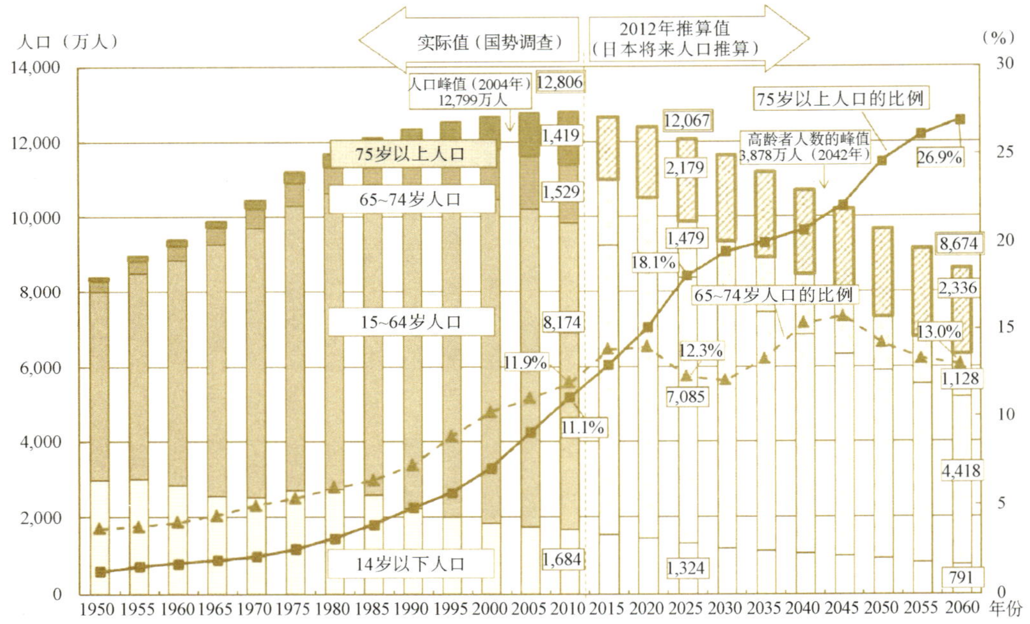

图 8－10　75 岁以上老年人口的增加

际的情况中很多老年人在入住机构后遭到机构护理人员的虐待，这已经成为很严重的社会问题。因此，建立一套老年人虐待预防教育体系、对于护理人员进行虐待预防教育、自我压力和情感控制教育是一项亟待解决的课题。

2. 护理保险费用的增加

护理保险制度成立至今 15 年间，护理费用支付额从最初的 3.6 万亿日元增长至 10.1 万亿日元（截至 2015 年），增幅达到 3 倍。第 1 号被保险人数和需要接受护理服务人数分别增长 1.53 倍和 3.44 倍。今后随着护理保险制度提供的服务量增大、各项运营费用，如对于护理机构各种设备的完善、接受居家护理服务人员所需护理用品的补助、护理人员待遇的提高等，必将会越来越多。然而，目前护理保险制度所需的保费收入只是以 40 岁以上的人为保费缴纳对象。为了保证护理保险制度的收支平衡，其保费收入的增收源应来自何处？扩大护理保费缴纳对象的范围？提高护理保险的费率？还是适当提高个人承担护理费用的比例？这些都是今后研究探讨的方向。此外，除了扩大收入来源，通过第三方评价机构的介入以防止不当享受护理服务行为，同时重视护理预防，从被动接受护理向主动进行预防等方式转型以减少护理费用支出，也是解决护理保险费用增加的一个重要课题。

3. 护理服务地区差异化

对于地域紧密型服务这类由市町村管理的机构提供的服务，由于各市町村的财政状态不同，护理机构的数量、提供服务的质量等都存在很大的差异。

第 2 号被保险人的护理保费，是根据全国整体基数计算得出，因此不会产生地区差异。但是另外，第 1 号被保险人的护理保费却是根据居住所在地的护理费用、老年人人数等计算，因此会出现地区差。根据日本厚生劳动省的调查数据，2015 年 65 岁以上的人每月缴纳护理保费的金额中，缴纳金额最低的为鹿儿岛县的三岛村，为 2,800 日元，而缴纳金额最高的为奈良县的天川村，为 8,686 日元，两者之间相差 3 倍有余。

除了护理保险保费的地区差异，需要护理的认定率也存在地区差异。需要护理的认定需要经过两次的判定，一次判定时通过电脑系统进行判定。对于这次判定的结果，日本全国范围应该是一样的，然而，二次判定时由于市町村的护理和福利专家会介入，各地地区必然会形成一定的差异。基本上 75 岁以上人口多的地区，其需要护理认定率会呈现较高的趋势。

同一个国家，无论是缴纳的保费差异，还是服务差异，都会让需要护理的人对于护理保险制度的公平性产生怀疑。此外，如果不能及时改善这些差异，在今后护理保费不得不上调时，人们的反对意愿肯定会更加强烈。

第九章
日本保险代理人制度

一、日本保险代理人的产生背景

日本保险代理人的产生最早可以追溯到江户时代末期。早在1860年，在日本的对外开放港口长崎、横滨，因为有外国人开始长期居住以及外国商品的往来贸易，因而就开始产生了依托外国保险公司且由外国人经营的保险代理人，不过当时其经营的业务对象也仅限于居住在当地的外国人及外资的商品货物。

最早的由日本人经营的针对日本人提供服务的保险代理人是于1873年（明治6年）6月成立的名为“内外用達会社”的公司，该公司是一家贸易公司，除为外国保险公司推销保险以外，还经营着其他许多业务，中介是其主要的业务内容。当时，该公司除东京总部及大阪分部外，在新潟、长野、熊谷等地均设有保险代理人。

1879年（明治12年）7月，日本最早的由日本民族资本设立的保险公司——“有限东京海上保险会社”正式成立。此前一年，即1878年，在其由最初的实际控制人益田克德针对股东而编撰的设立申请中，于其中“营业方法的部分，第三款”中，就涉及“代理人”，该款中明确了“公司的本部及分部的设置，首先必须与当地的银行或商会等签订协议，将其作为保险代理人处理相关业务，并给予大约保费10%左右手续费”。这段涉及保险代理人的文字表述，显示了当时作为保险公司实际控制人的益田克德的判断，即：保险代理人的存在是设立保险公司的前提，没有保险代理人，保险公司就难以开业。而益田克德之所以有这种判断，也是受其在1871年（明治4年）去欧美考察中，于伦敦所学到的保险知识的影响。在东京海上成立后的第二年即1880年（明治13年）6月，该公司共签订了21家保险代理人。

另外，东京海上成立后，其第一个分支机构为1896年（明治29年）设立的大阪分公司，所以，自东京海上成立后有17年的时间，该公司没有设立任何分支机构，仅是依靠总部与保险代理人进行营业活动。

当时，最主要的保险代理人是三菱公司和三井物产。三菱在大阪、神户、四日市、上海等地的6个分公司均成为保险代理人。三井物产当时的社长是益田克德的兄长，基于这种关系，并为了扩大贸易规模，其在横滨、下关、长崎、香港的4个分公司均成为保险代理人，特别是在当时最大的保险市场——横滨，三井物产的分公司负责人甚至通过对当地各家批发商、商社表示“经营没有保险的货物是商人的耻辱”等，积极推销保险。

二、日本保险代理人的运行机制

时至今日，经过150多年的发展，在日本，已经形成了非常完整的保险代理人运行机制。财产保险类保险合同虽然是投保人和保险公司之间签订的合同，但是在日本，合同签订的相关手续绝大多数是通过保险代理人完成的。

（一）如何成为保险代理人

在日本，如果要成为正式的保险代理人，就必须在同保险公司签订代理合同的基础上，到代理人所在地的财务局进行相关登记。只有在财务局登记以后，保险代理人才能进行保险营销。同时保险代理人机构下属的从事保险营销的人员也需要到财务局进行备案。而登记及备案的相关手续通常是由保险公司代为办理。

1. 成为保险代理人的一般流程

在日本，欲成为保险代理人，首先要具备作为保险代理人所应该具备的相应条件，并与保险公司签订保险代理委托协议。保险代理人是否具备相应的知识与能力，是由各保险公司根据各自的标准加以判断。一般情况下，如果接受了规定的培训，并考试合格，就可以被视为满足了一定的标准要求。

申请保险代理人的一般流程如下：

（1）选定作为哪家保险公司的保险代理人推销保险；

（2）参加所选保险公司实施的保险代理人研修；

（3）通过所选保险公司的保险代理人考试；

（4）与所选保险公司签订保险代理人委托合同；

（5）到所辖地区财务局办理相关登记手续；

（6）接受财务局的审查、登记；

（7）作为保险代理人开始进行保险营销。

2. 产险保险代理人的研修、考试

保险代理人在从事实际的保险营销时，必须了解与保险营销有关的法律、法规及与保险商品有关的相关知识，因此，必须要参加保险公司主持的相关研修及考试。尽管相关研修及考试的内容因保险公司而异，但是，关于考试的内容，各保险公司通常都会采用日本财产保险协会的财产保险营销人员普通测试。

3. 财产保险营销人员普通测试的概要

保险代理人或其下属从事保险营销的人员被称为营销人员。财产保险营销人员普通测试是针对财产保险营销人员是否学习并掌握在保险营销时对保险商品的相关重要事项正确说明的相关知识进行确认的考试。

考试有基础部分和商品部分（车险部分、财产保险部分、意外疾病保险部分），是以即将进行保险代理人登记或保险营销人员备案，以及已经做过代理人登记或营销人员备案但需要获得财产保险公司许可的单位或个人为对象。

在考试中，如果基础部分不能合格通过就不能进行保险代理人登记或营销人员备案。原则上，营销人员可以从事某种保险商品的营销的前提是必须事先通过该种商品部分的考试，如果考试不合格就不能代理推销该种商品。

（二）保险代理人的作用

如图9－1所示，保险代理人通过与保险公司签订保险代理委托合同，得到保险公司的授权，作为保险公司的代理人可以代表保险公司签订保险合同。

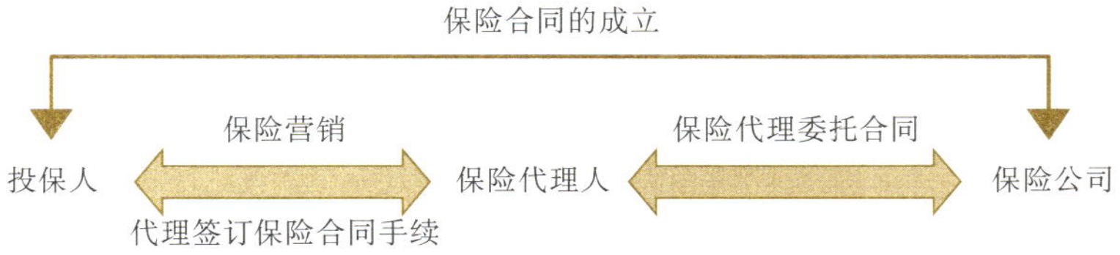

图9－1 通过保险代理人签订保险合同的流程

因此，当投保人通过向保险代理人递交投保申请并获得保险代理人的承诺，且支付相应保险费后，保险公司与投保人之间的保险合同即可成立生效。

作为保险代理人，其最大的作用是作为消费者及保险投保人与保险公司之间的搭桥人，缩小两者之间在“专业知识”“信息量”“谈判能力”等方面的差距，给消费者及投保人提供最恰当的风险抵御方案。

在日本，有时保险代理人在某个保险公司或某个保险种类中仅有“媒介”的授权，在这种情况下，保险合同的生效需要获得保险公司的承保承诺。

（三）保险代理人的营销方式

1. 保险营销的定义

在日本的保险业法中，对保险营销有着明确的规定，即：作为代理或媒介参与保险合同的签订。

在日本，由日本金融厅对保险公司实施监督管理的职能，在日本金融厅的综合监管方针中，对保险代理人的保险营销行为也有如下更为明确的规定：

（1）劝导投保人签订保险合同；

（2）以劝导投保人签订保险合同为目的，讲解保险商品的内容；

（3）受理投保人的投保申请；

（4）作为代理或媒介参与保险合同的签订。

2. 保险代理人的营销方式

保险代理人从事保险营销时，通常会采用以下的营销方式。

（1）面对面的展业方式。在保险商品的销售过程中，对保险消费者进行详尽的产品说明是不可或缺的，同时，为了避免对于某些问题出现理解上的误差，面对面销售（上门营销、店内营销）是十分重要的，也是最为常见的方法。

- 上门营销：即到客户的公司、住所等地拜访，进行保险营销；
- 店内营销：即针对来店铺访问的客户进行保险推销。

（2）电话营销。当保险合同即将期满需要续保或保险内容在保险期限内发生变更时，在符合一定条件的情况下，保险代理人可通过电话受理投保和变更，省去投保人在投保单上签名盖章的手续，进而达到方便客户、并提高代理人业务效率的目的。

（3）通信销售。除报纸、电话、电视和直接邮寄等大众媒体外，随着信息基础设施的飞速发展，利用网络等新媒体进行营销已经成为新的发展趋势。

网络营销具有诸多优点，例如，它不需要提交书面资料，不须签名或盖章，足不出户就可以完成所有手续，不但方便客户，还可以通过简化手续、降低成本从而降低保费（见图 9－2）。

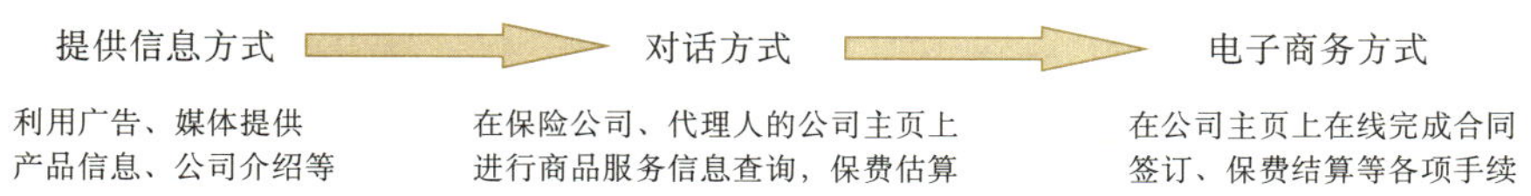

图 9－2　网络营销的形式

（4）自动销售机。通过在机场内设置旅行意外险的自动销售机，使客户在出发前可以方便地投保旅行意外保险。

（5）综合拓展方式。主要是在大团体或企业等机构内，以其员工为对象，利用讲解手册等进行宣传，开展营销活动。这是由团体或企业统一投保，即团体或企业为投保人，以职工为被保险人的保险合同形式，广泛使用在人身意外保险等险种上。

（四）保险代理人的主要业务

保险代理人是基于同财产保险公司签订的财产保险代理人委托协议，代理财产保险公司签订保险合同，并收取保险费。其从事的主要业务内容是集中在保险合同签约时及签约后。

1. 保险合同签约时

（1）向投保人推荐保险商品；

（2）对保险标的进行相关确认；

（3）对保险商品进行说明，包括保险合同金额的设定以及保险费的计算等；

（4）对投保人进行重要事项说明，包括保险合同概要以及提请注意信息等方面的说明；并通过请投保人填写投保单的告知事项及相关内容的方式，受理投保人对告知事项的告知；

（5）确定投保人的合同意向；

（6）签订保险合同，收取保险费，并向投保人出具、交付保险费收据。

2. 保险合同签订后

（1）受理投保人关于保险合同的变更、解除等申请业务；包括保险期限内保单内容出现变化时受理变更申请并迅速办理有关手续、保单到期前的事先续保通知、办理续保手续等内容。

（2）受理保险事故的报案通知，并向保险公司报案联络。

（3）在办理保险索赔相关手续时，向投保人及被保险人提供建议。由于判断是否支付保险金的决定权在于保险公司，因此，保险代理人不能做出判断结论。

除上述与保险合同签订直接相关的业务以外，保险代理人还需要成为值得客户信赖的保险顾问。正如企业在处理法律问题时需要法律顾问的帮助，在保险事务方面，也需要保险顾问的帮助。在风险千变万化、信息泛滥成灾的今天，保险代理人的客户服务概念是十分广泛的，不但需要根据客户的实际需要和保费负担能力来设计和提供最佳保险方案，还必须在发生保险事故之际协助办理索赔手续，提供有关财产保险的各种信息等等。

通过上述的客户服务，保险代理人就有可能达到开拓新客户、实现增保增收、多险种销售等经营目的。

（五）保险代理人的委托合同

1. 保险代理人委托合同的法律性质

（1）代理权。在保险公司授权的事务上，保险代理人可以代行其职，这种代理权一般适用于日本民法关于代理、商法关于代理商的规定。保险代理人的代理权限一般在代理人委托合同中予以明确规定。

保险代理人代替被代理的保险公司签订保险合同，但合同的法律效果则归属于被代理的保险公司。

关于代理权限的范围，保险代理人代行保险公司的职责开展授权业务，因此，就授权业务来说，其效果与保险公司自行其责相同。此外，为了保证保险消费者能够得到充分的信息，日本《保险业法》规定，在进行保险营销时，保险代理人必须明确告知对方，自己作为保险公司的代理，是“签订保险合同”还是作为保险合同签订的“媒介”。

主要的代理权限包括：

● 合同签订权。保险代理人经授权拥有“签订合同的权限”。可以代保险公司签订保险合同。因此，如果代理人表示接受客户的投保，意味着保险合同已经当场成立。

除“代理签订保险合同”外，《保险业法》还允许保险代理人作为签订保险合同的“媒介”。所谓“媒介”就是指来往于保险公司与客户之间，努力促成双方签订以双方为当事人的保险合同的行为，但没有签订合同的权限。在日本，人寿保险的代理人属于“媒介”性质。此外，财产保险业中的经纪人也属于“媒介”。

- 保费收取权。保险代理人拥有“收取保险费的权限”，因此，代理人可以代授权的保险公司，向客户收取保险费。

- 告知受理权。保险代理人拥有“受理（客户）告知的权限”，因此，代理人可以代授权的保险公司，在签订保险合同时受理客户的告知，即听取客户告知的事项。

（2）代理商。财产保险代理人属于日本商法上所规定的代理商。在关于代理人的商法条文中，与财产保险代理人有关的规定主要如下：

- 通知义务。代理商在代理交易后，须立即通知被代理人。

- 不从事竞争行业义务。代理商在未得到被代理人许诺的情况下，不得为自身或第三者进行属于被代理人经营范畴的交易。

保险公司为防止代理人与其他保险公司发生代理关系，一般会依据这项法律条文，要求代理人在与其他保险公司签订代理协议时必须事先通知。

- 解除合同。当事人之间没有明确规定合同期限时，当事人的任何一方都可以提前2个月通知对方解除合同。无论是否曾经规定合同期限，如果具备充分理由，当事人的任何一方随时都可以解除合同。

2. 主要授权业务

保险公司在向保险代理人进行业务委托时，双方需要签订代理人委托合同，明确规定“业务内容”，“双方的权利和义务”。

发生争议时，一般根据保险代理人委托合同的规定予以解决，对合同未曾明确规定的事宜，则援引商法和民法的规定作为补充。

目前，一般的代理人授权合同所列明的主要权限业务如下：

（1）签订保险合同或在保险公司特别指示下作为签订保险合同的“媒介”，代理保险公司签订保险合同的业务。

（2）受理保险合同变更或解除保险合同的申请。在保险合同签订以后，受理客户提出的变更保险合同或解除保险合同的申请。

（3）收取或退回保费。在保险合同签订之时或之后，收取或退返保费的业务。

（4）其他授权业务，其中包括：

- 交付保险合同以及开具、交付保费收据；
- 调查保险标的；
- 保单的跟进和管理（包括保单到期管理、期满退费等业务）事宜，以及必要时由保险公司特别指示的其他业务；
- 出险后协助被保险人办理索赔手续。

3. 委托合同中有关授权业务以外其他事项的规定

目前，各个保险公司委托合同的具体内容不尽相同，这里仅列举以下普遍使用的主要条款。

（1）遵守法令等。为了确保保险营销的合法性，合同除规定遵守委托合同的相关规定之外，还必须遵守《保险业法》及其他相关法令。

（2）保险代理人的等级。

- 保险公司根据规定，依据保险代理人的业务能力、业绩明确划分代理人的等级。
- 保险公司在确定或变更完代理人等级之后应及时通知代理人。

（3）代理人手续费。

- 明确规定支付委托业务报酬的相关事宜是委托合同中心内容之一。
- 保险公司在依据等级以及另行制定的手续费规定支付基本手续费的同时，如满足手续费规定的条件，在基本手续费之外还可追加支付额外手续费。

（4）保费的收取、保管、结算。

- 在“保费的收取”项中，明确规定保险代理人必须在合同签订的同时，以“现金或支票”形式“全额”收取保费。该项同时还规定，保险代理人必须使用保险公司指定的保费收据。
- 在“保费的保管”项中，明确规定保险代理人必须将收取的保费立即存入事先向保险公司登记的保费专用账户，与自己的其他资产分开予以管理。
- 在“保费的结算”项中，明确规定了保费结算的方法，要求保险代理人按照保险公司出具的保费通知书，于记账月的下一个月的月底前结清。

（5）保密义务。保险公司和保险代理人不得随意泄露有关客户的信息或在业务过程中了解到的相关事项，即使在双方解除代理合同之后，仍须履行保密义务。

（6）损失赔偿。

- 保险公司与保险代理人的任何一方如因违反委托合同规定，给另一方造成损失时，有义务对损失方的损失做出赔偿。即使在双方解除代理合同之后，赔偿义务的规定仍然有效。

- 保险公司在与保险代理人签订委托合同时，一般会要求后者提供对其债务负有连带责任的担保人。

（7）解除代理合同。保险公司的委托合同大多属于无限期的合同，但合同中一般会规定：如触犯《保险业法》中有关“取消注册”相关条款规定的，则委托合同自动终止。

三、日本保险代理人的特点

在日本，保险代理人经过一个半世纪多的发展，形成了具有浓厚日本特色的迥异他国的特点。

（一）市场特点

1. 日本保险代理人业务在产险业务中处于绝对主流地位

在日本，财产保险的营销模式按营销主体划分，主要包括以下 3 种：

（1）保险代理人业务。保险公司通过保险代理人进行保险销售，首先可以降低自己公司的相关管理费用成本，同时也可以迎合多种多样的保险消费需求，销售更多的可以满足客户需要的保险商品，另外，除了保险公司自有营业网点所覆盖的区域以外，还可以通过保险代理人在全国范围内构筑覆盖面更为广泛的销售网络。在日本，保险代理人是各财产保险公司的最为重要的营销渠道。

（2）保险公司直接销售。直接销售是指保险公司员工直接进行保险商品的销售。直接销售形式在属于企业保险领域的海上保险（即船舶和海洋货物运输保险）方面占有较大比重，特别是船舶保险，以直接销售为原则，通过保险代理人经手的合同很少。此外，像原子能赔偿责任保险这种客源有限、性质特殊的险种也基本采用直接销售方式。至于家财保险，虽然直接来公司投保的保单会以直接销售方式处理，但并不是保险公司直销业务的主流。

（3）保险经纪人销售。保险经纪人可以无需保险公司授权、在客户和保险公司之间充当签订保险合同的媒介。在日本，自 1996 年 4 月 1 日开始允许引进保险经纪人制度，以便与国际接轨，增加销售渠道并方便保险消费者。

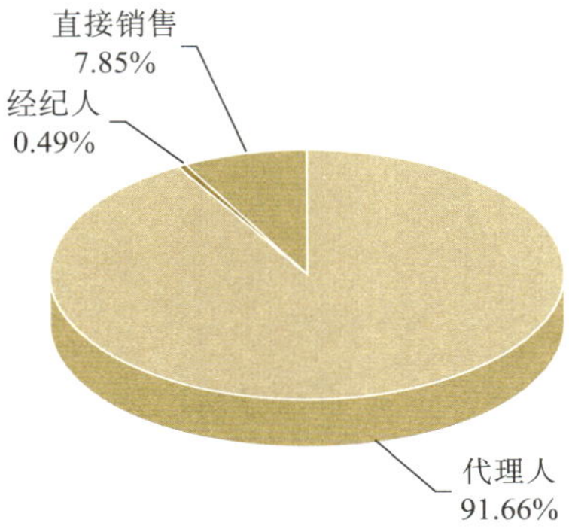

图 9－3　2015 年产险保费营销渠道占比

图 9－3 为 2015 年度在日本财产保险市场上述三类营销种类的各自占比，通过本图可以看出，在日本，保险代理人销售占据着超过 9 成以上的市场份额，是日本财产保险市场上的主流销售渠道。

2. 日本保险代理人的分类及占比

近年来，由于受集约化的影响，伴随着优胜劣汰以及合并重组，日本保险代理人的数量总体呈现下降的趋势，详细情况可参见图 9－4。但是，在 2014 年，由于日本保险业法经过修订，明确废除了此前处于灰色地带的委托型营销人，使一部分委托型营销人通过申请转变为正式的保险代理人，因而导致 2014 年保险代理人数量有了极大的反弹。

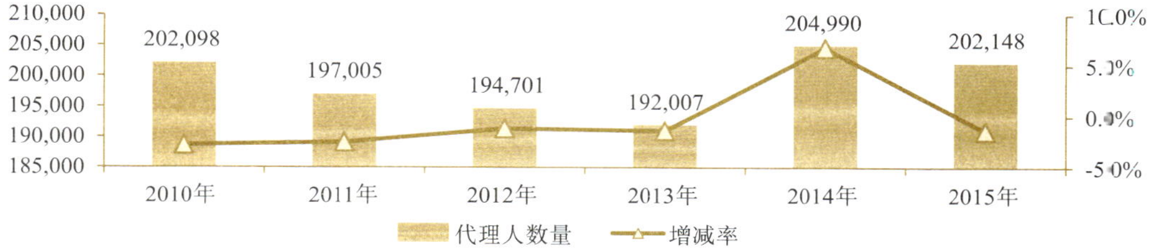

图 9-4　2010 年以来日本保险代理人数量变化情况

（1）专业代理人与兼业代理人。专业代理人是指专门从事保险代理业务的保险代理人；兼业代理人是指受保险公司委托，在从事自身业务的同时，指定专人为保险公司代办保险业务的保险代理人。

2015 年度，日本专业代理人共有 38,407 家，而兼业代理人共有 163,741 家，其中兼业代理人占据了绝大多数。

自 2001 年 4 月，日本解禁金融机构开展保险业务后，目前日本兼业代理人主要有以下几种：

• 4S 店（汽车经销商代理人）。汽车经销商代理人是指汽车销售商兼营保险代理。这类代理人在进行汽车销售、修理、车检等主营业务的同时向客户销售保险。当然所代理的险种以商业险和交强险为主。从保费规模来看，这类代理人的市场份额较大，是主流的销售渠道。

• 维修工厂代理人。维修工厂代理人是指汽车维修行业（修理厂）兼营保险代理。这类代理人在进行主营业务汽车维修（也有部分从事汽车销售）的同时向客户销售保险。所代理的险种以商业险和交强险为主。代理人的规模从大到小，参差不齐。其中，只在车检时代理销售交强险的也不在少数。

• 房地产企业代理人。房地产企业代理人是指房地产销售和租赁企业开展保险代理业务。

• 企业代理人。企业代理人是指该企业或与该企业在人员或资本方面具有密切关系的关联企业兼营保险代理。许多情况下，设置企业代理人的目的在于通过团体保险来提高员工的福利水平，加强公司资产的保险管理，以及构筑退休员工的返聘政策等。

• 金融机构代理人。金融机构代理人是指金融机构（银行等）兼营保险代理。2001 年 4 月金融机构从事保险业务被解禁，形成了新的销售渠道。同其他渠道一样，进行主营业务的同时向客户销售保险。

（2）专属代理人与综合代理人。在日本，根据保险代理人所代理保险公司的数量，可区分为专属代理人和综合代理人。专属代理人是指只与一家保险公司签订代理委托协议，并只代理该家保险公司产品的代理人；综合代理人是指与多家保险公司签订代理委托协议，并代理多家保险公司产品的代理人。2015 年度，日本产险市场中，专属代理人共有 153, 236 家，综合代理人共有 48, 982 家，可见，在日本，专属代理人是保险代理人市场上的主流，占 75. 8%。

（3）法人代理人与个人代理人。在日本，按代理人的组织构成，可分为个人代理人和法人代理人，个人代理人是以个人名义登记经营的保险代理人；法人代理人则是以公司法人名义登记经营的保险代理人。2015 年度，在日本产险市场中，法人代理人共有 108, 997 家，个人代理人共有 93, 151 家。其中，法人代理数量占据半数以上。伴随着行业集约化带来的优胜劣汰及合并重组，个人代理人的数量也在呈现逐年减少的趋势。

（二）监管部门的监管特点

目前，在日本针对保险代理人的监管采用的是“二阶段监管”，即金融监管部门监管保险公司，而由保险公司对保险代理人实施直接管理。

1. 保险业法上的相关规定

（1）保险公司与保险代理人之间的关系。在日本保险业法的第 283 条中明确规定：“为保护保险投保人，保险公司负有对所属本公司的保险代理人进行教育指导的责任”，因此，保险公司对于保险代理人的教育指导责任与保险代理人对此所具有的遵守义务被结合为一体，从而使在合规的基础上开展营销业务成为可能。

（2）保险代理人的责任。根据《保险业法》的第 283 条规定，对于由保险代理人在保险营销过程中给保险投保人所造成的相关损失，由所属保险公司负赔偿责任。但是，在本条第 2 项中规定，对于保险公司已经就相关委托对保险代理人加以提醒且为防止给投保人造成损失作出了相关努力后依然发生的相关损失，保险公司不负责任。同时，在本条第4条规定，所属保险公司可以对代理人行使求偿权。

（3）从事保险营销时的禁止行为。在《保险业法》的第300条，明令禁止保险营销中的以下行为，如有违反，将会加以处罚：

- 虚假告知行为、重要事项不告知行为。禁止向投保人或被保险人告知虚假事项，同时对重要事项不告知的，因为会误导保险投保人做出错误判断，也属于禁止行为。另外，在销售保险时，禁止利用受官方委托之类的谎话、用虚假经历和名称冠以权威称呼等方式进行销售。

- 诱导违反告知义务的行为。禁止诱导投保人或被保险人告知虚假重要事项，或者诱导其妨碍，或者隐瞒告知重要事实的行为。

- 不正当换保销售。禁止对投保人和被保险人隐瞒不利事实，使已签约保单失效，再申请投保新保单。改换销售的目的多是为了提升业绩、收取手续费，因为其最终会伤及投保人和被保险人的利益所以属于禁止行为。

- 保费折扣、回扣以及其他特别利益的提供。禁止向投保人或被保险人约定提供保费打折、回扣以及其他的特别利益。这种行为违背了消费者平等的保险理念，助长保险公司之间的不正当竞争，最终会破坏健全的销售制度，所以属于禁止行为。

提供特别利益的行为指投保时提供物品和在保费未收时担保保险责任等行为。另外，非投保人本人代以同住的亲属名义以避开该规定的行为也属于禁止行为。

- 易招误解的保单内容比较。禁止通过与其他保险合同相比较的方式给保险投保人或被保险人造成误解的比较行为。在比较部分保单条款时对不利部分不进行说明，进而导致投保人错误的判断而被禁止。

- 对保险分红的不当保证。关于保险红利等未来收益等金额不确定的事项，对保险投保人、被保险人做出肯定或易导致误解的引导，这种易造成误解的表述行为被明令禁止。

- 诽谤、中伤其他保险公司的行为。禁止通过过分强调其他公司有关信用、支付能力方面的不足，以达到诽谤中伤其他保险公司目的，从而给投保人带来误解的行为。

• 施压销售。禁止对保险投保人和被保险人进行威胁或不正当地利用职务上的上下级关系强制其投保，或者撤除已签约保单的行为。

（4）保险业法修正后对保险营销的相关要求。在2016年5月29日开始实施的修正后保险业法的第294条中，对于保险代理人追加了以下的各项义务：

• 提供信息义务。在法令中将一直以来的重要事项说明作为义务进行了明文化规定。

• 把握意向义务。必须把握了解消费者有关需要哪个方面的补偿（保险种类）、所需的主要补偿内容以及消费者所期望有关保险期间、保费、保险金额的设定范围、是否有优先考虑的事项等，以确认所签订的保险合同是否符合消费者的意向。

• 保险代理人的体制完善义务。为了保证保险代理人对于所辖保险营销人员的指导，以及健全的保险代理人的运营，必须完善适应自身业务特点及规模的体制建设。

2. 金融厅综合监管指针等的相关规定

在2016年9月公布的日本金融厅针对保险公司综合监管指针中，明确规定了对保险代理人实施监察的各主要方面。

关于营业网点及保险代理人的保险营销的相关业务内容，包括以下诸点，是否切实实施监察，掌握营业网点及保险代理人保险营销的具体情况以及其内部管理状况。同时，对于在监察中发现内部管理存在问题的营业网点及保险代理人，在采取适当措施的同时，是否完善了为达到改善目的而进行指导及验证效果的体制。

（1）对于营业网点及保险代理人的监察周期，是否对于确保营业网点及保险代理人的业务品质有效。

（2）对于实施监察的营业网点及保险代理人的选定以及监察项目，是否关注于日常管理中所掌握的信息及管理指标的异常值，并适时、适当地加以修正。

（3）作为监察方式，是否完善了无预告监察的体制。

在日本，监管部门对于保险代理人的监管，是通过保险公司来执行，因此，金融厅的综合监管指针中，对保险公司做出了有关监察的相关要求。

四、日本保险代理人的相关动向

（一）市场动向

最近几年来，在日本，代理多家保险公司商品的综合保险代理人得到快速发展，其下属机构数量在日本全国范围内已经达到 2,000 多家。其中仅“保险窗口集团”等 4 家大型综合保险代理人的分支机构合计数已经超过 1,000 家。

在大型综合保险代理人的机构内，消费者可以同时对多家保险公司的多种保险产品进行比较选择，保险代理人也可以获得汇集客户、增加收益的机会；但同时也出现各种问题，例如，为了提高收益，保险代理人会优先向消费者介绍其可以获得更高手续费的保险产品等。

（二）监管部门（金融厅）的监管动向

针对大型综合保险代理人在保险营销中出现的问题，2015 年开始，日本政府部门开始对保险业法进行相关修订，此次修订的目的就是为了加强对最近快速发展的大型综合保险代理人的规范。

其主要变化是一直以来委托保险公司对综合保险代理人及保险营销人员所实施的监督指导，今后将由金融厅直接实施，定期对保险代理人实施现场检查。

另外，为使消费者能够根据自己的真实需要比较选择保险商品，要求保险代理人有义务提供可比较商品的概要及推选特定商品的理由等信息，以避免并规范保险代理人推荐其能获得高手续费的保险产品。在综合保险代理人向消费者推荐特定保险商品时，在要求其说明推荐理由的同时，必须提供其他一些消费者可参考比较的保险商品的保障内容及保费等相关信息。

最后，日本的保险市场经过长年的发展，形成了有别于欧美经纪人制度的独特的保险代理人运行机制及监管机制。目前，伴随着大型综合保险代理人的不断扩大，其一直以来的对保险代理人的“二阶段监管”方式已经开始发生了改变。

第十章
日本财产保险行业主要行业机构

日本财产保险行业除了保险公司等经营主体之外，还有一些行业机构在维护产险行业稳定发展，提高服务品质方面起着至关重要的作用。这里就日本财产保险费率厘定机构、日本财产保险协会、日本自研中心（JKC）这三大机构进行简单介绍。

一、日本财产保险费率厘定机构

日本财产保险费率厘定机构是日本法定的费率厘算机构，主要的功能是厘定财产保险的费率，交强险的定损查勘，以及充当数据银行的角色。

该机构最早成立于1948年，随着日本产险市场的发展与改革，也几经改革和变迁，最终演变成了现在的组织形态。

（一）历史概况

20世纪三四十年代，日本保险市场的基调为自由主义。保险业飞速发展壮大，保险公司如雨后春笋般涌现，竞争也日渐激烈。为了遏制保险行业的野蛮生长与恶性竞争，日本政府在1939年对《保险业法》进行了修订。此次修订后，日本保险市场的自由主义风潮开始减退，“全体主义”抬头，结束了激烈竞争的时代，走进了“统制与协调的新时代”。

修订后的《保险业法》第十一条规定了与保险业务相关的“统制协定” 受到了产险界的广泛欢迎。因为有了这条规定，保险公司之间的各种自律性的协定行为便有了法律保障和强制效力，保险公司也可借此摆脱此前因费率混乱以及不正当竞争所造成的不良影响。

1941 年，43 家产险公司联名向商工大臣提交申请，要求制定关于火灾保险费率的统制协定。11 月 1 日，该协定火灾保险费率正式实施，成为以新《保险业法》第十一条为依据的最早的统制协定费率。此后，还进行了各种费率改革（火险、海上保险和运输险等），对各类险种实施了统制管理。

1945 年日本战败，其后日本进入盟军最高司令官总司令部 GHQ 的托管时代。从战前开始，日本的经济完全由强大的财阀支配，贫富差距极大，缺少中产阶级，缺乏自由和民主。占领军甚至认为日本发动侵略战争很大程度是因为这些大财阀与军部勾结。为了从根本上改变日本扭曲的经济，GHQ 实施了多项经济民主化改革措施，主要有 3 点：第一，解散财阀，避免经济的过度集中；第二，解散各种统制团体；第三，1947 年制定和颁布《反垄断法》。

由于前文提到的《保险业法》第十一条与《反垄断法》发生明显抵触，因此产险业界的各种自律性协定都有涉嫌垄断的嫌疑。但从产险业务的特殊性及其发展状况来看，如果解除这些协定，势必将回到以往恶性竞争的时代，不利于整个产险行业的健康发展。

于是，日本产险业界开始为“自律性费率协定”无须适用《反垄断法》而努力，最终 GHQ 决定尽快单独制定一个与费率厘定团体相关的法律。

几经磋商，终于在 1948 年，以美国康涅狄格州的《保险法》为蓝本，颁布实施了《财产保险费率厘定团体法》，并依法成立了“财产保险费率厘定会”（后改名为“财产保险费率厘定机构”）。

1951 年 4 月，日本政府修改了《财产保险费率厘定团体法》，要求各财产保险公司必须使用财产保险费率厘定会厘定的费率。

1964 年，机动车保险费率厘定会从中独立出来。

1996 年，桥本龙太郎政府开始推行“日本版金融大爆炸”改革，以前“统一产品、统一价格”的单一市场已经不再能够满足消费者多元化的需求了，也不利于保险市场的发展。

在“金融大爆炸”后，日本产险市场走上了市场化的道路，此后经过了一系列改革，保险公司不仅可以自行开发保险产品，也可以自行制定产品价格。

此次改革的一项重要措施就是修订《保险业法》和《财产保险费率厘定团体法》。

日本政府于1988年对这两个法律进行了修订，废除了保险公司必须使用产险费率机构厘算的费率的义务（地震保险和交强险仍需使用统一费率），费率制度也从审批制变为报备制。从此，保险公司开始自行制定产品价格，打响了激烈的价格战。

为了适应新角色的变化，提高工作效率，为社会提供综合性产险服务，2002年7月，日本财产保险费率厘定会与机动车保险费率厘定会合二为一，成立了现在的“财产保险费率厘定机构”。

（二）机构现状

截至2016年10月1日，日本财产保险费率厘定机构共有38家会员单位。这些公司都是依据《保险业法》获得经营许可的财产保险公司。该机构不是强制加入的，只要够资格，产险公司均可自愿加入，还可以该机构厘定出的参考纯费率和基准费率的险种为单位，随时加入或退出该机构。

该机构的收入主要来源于会费收入和交强险收入。

其中会费收入用于支付除交强险之外的费率厘定业务的费用。各会员公司根据所加入的保险险种，向该机构缴纳会费。会费的金额由会员大会决定。

交强险收入用于负担交强险业务的相关费用。例如交强险基准费率的厘定业务、交强险定损查勘业务等。各会员公司根据规定的交强险收入比例向该机构缴纳这部分费用。

该机构目前有两千多名工作人员，主要分布在机构本部、交强险定损查勘中心，以及全国6个地区分支机构以及各地的交强险定损查勘事务所。

该机构最高部门是会员大会，下设负责各险种的费率厘定部门、内部监察室、交强险定损查勘中心等。具体如图10-1所示。

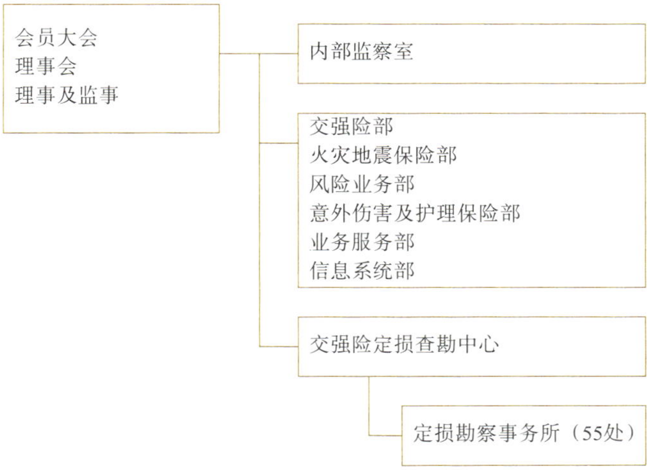

图 10－1　日本财产保险费率厘定机构组织图

该机构的理事会共有理事 22 人，其中会员公司代表只有 6 人，其他还包括大学教授、律师、报社社长、经济团体会长以及其他相关团体的负责人。

（三）主要活动

目前，日本财产保险费率厘定机构有 3 项主要业务：

1. 计算和提供参考纯费率与基准费率

从会员单位收集大量保险信息，使用科学手法和保险数理理论，厘算出火灾保险、意外伤害险、商业车险、护理费用保险的纯参考费率，以及交强险和地震保险的基准费率，并向会员提供。

参考纯费率主要包括用于支付保险金的“纯保险费率”部分和充当保险公司营业管理费用的“附加费率”部分。参考纯费率只是参考数据，保险公司在厘定自身产品时，可以自由决定是否使用该费率，而且即便是决定使用，保险公司也可以根据自己公司的情况来设定“附加费率”部分。

该机构厘定好参考纯费率后，会向金融厅报备。金融厅对参考纯费率进行审查，看其是否符合“保险费率的三原则（合理的、妥当的、不应有不正当的歧视和差别对待）”。

基准费率则只针对两个险种：地震保险和交强险。

由于这两个险种具有较强的社会公共性，因此，实际上会员单位都必须使用基准费率。这两个险种的费率厘定除了必须坚持“合理的、妥当的、不应有不正当的歧视和差别对待”原则之外，还必须做到“不赚不赔”。

基准费率包括两大部分：纯保险费率和附加保险费率。其中附加保险费率还包括定损查勘费、保险公司营业管理费、代理店手续费。基准费率也需要向金融厅报备，并由金融厅在咨询国土交通省和交强险审议会之后予以反馈，然后该机构会在官方报纸和全国性报纸上公示新的基准费率，并提供给会员单位使用。

2. 交强险的定损查勘

日本财产保险费率厘定机构下属的“交强险定损查勘中心”在全国设有9个地区分布，并下设55个“交强险定损查勘事务所”。这些事务所遍布日本全国，在收到交强险报案后，赶赴现场进行查勘。而这些查勘结果都将作为基础资料，进入数据库，在厘算交强险基准费率时使用。除此之外，该机构还接受政府委托，展开相关调查。

该项业务的意义有两点。首先，交强险是公共性很高的保险，需要公正、快速地进行理赔，所以，所有赔偿申请都由该机构统一进行调查，并确定保险公司是否负有赔偿责任，以及具体的赔偿金额，然后将结果通知承保公司。但最终是否支付保险金，以及保险金的具体支付金额，还是由保险公司来决定。

其次，定损查勘事务所在进行定损查勘的同时，也在进行数据收集，而这些数据最终将用于交强险费率的厘定。

交强险定损查勘业务的流程大致如下：

（1）出险后，由肇事方或受害者集齐资料向保险公司报案，提出索赔申请；

（2）保险公司收到资料后，对保单的有效性、申请资料等进行确认后，将资料转交给交强险定损查勘中心；

（3）定损查勘中心收到资料后，对事故状况、是否应当支付保险金以及具体金额进行中立地、公正地调查和确定，并将结果报告给保险公司；

（4）最后保险公司根据调查结果报告，决定赔付与否以及具体的赔付金额，并支付保险金。

3. 数据银行业务

日本财产保险费率厘定机构通过费率厘算业务和定损查勘业务，收集和储存了海量信息，并将这些信息提供给政府机构、学者和消费者使用，因此，它还充当着产险数据银行的角色。

该机构将收集到的保险信息数据进行整理，制作成保险统计报告，为保险公司开发在产品提供参考数据。

除了为会员单位提供参考数据之外，该机构还面向普通消费者制作各种资料以供参考。

此外，对于没有厘定费率的险种，该机构也会从会员单位收集数据资料，制作统计报告，然后再反馈给成员单位。例如，日本国内外的保险制度、产品、市场动向等信息的收集、调查、研究；对厘算纯保费相关信息进行收集、调查、研究；为预防事故发生和降低损失，对各类事故案例和相关信息进行收集研究。

同时该机构还未会员单位提供咨询服务，根据每个会员单位的实际需求，提供相应的帮助。主要包括以下 4 个方面：

（1）提供保险统计信息，未开发新产品、保单支付的详细分析提供帮助；

（2）提供与保险数理、保险条款相关的咨询和支援；

（3）估算与地震、风水灾害相关的损失预测金额；

（4）收集和提供海外保险信息等。

二、日本财产保险协会

日本保险行业协会不同于我国的中国保险行业协会，它并不是一个统一的协会，而是按照寿险、产险、中介等业务种类组成了各自的行业协会。目前，除了寿险行业协会、产险行业协会、保险代理人行业协会之外，日本还有外国财产保险行业协会。

由于这些协会的发展历史有所不同，各保险行业协会都有其不同的组织结构及活动内容，从而具有自己的特点。在这里主要介绍日本财产保险协会的历史沿革和发展状况。

（一）历史概况

日本财产保险协会的前身是1917年成立的“大日本联合火灾保险协会”。该协会当时所采用的就是会员制度，经营保险业务的国内外保险公司就是该协会的主要会员。

随着日本保险业的蓬勃发展，保险产品不断丰富，保险种类也不断增加，1920年和1927年，日本“海上保险协会”和“船舶保险协会”先后成立。

1941年，日本“联合火灾保险协会”和“海上保险协会”进行合并，发展成为了日本财产保险协会（旧）。

1942年，日本财产保险协会（旧）转变成为性质与以往完全不同的“财产保险统制会”，但随着第二次世界大战的结束，该会也被解散。

第二次世界大战结束后，日本财产保险协会于1946年重新成立。该协会目前仍然采用会员制，会员主要是在日本营业的财产保险公司，截至2016年4月1日，协会共有26个会员公司。

日本财产保险协会的宗旨是，通过传播财产保险方面的知识，促进公众对财产保险行业更深入的了解，帮助财产保险行业解决面临的问题，促进日本财产保险行业的合理发展和维护其稳定性，实现行业的发展目标。

根据上述宗旨，围绕如下6个工作内容开展具体业务，为日本财产保险事业健康发展和提高人们对财产保险行业的信赖程度和建设和谐社会做贡献：

（1）普及产险知识 促进公众对产险行业的了解；

（2）开展产险方面的培训、考试、认定工作；

（3）开展防灾、防盗、交通安全宣传活动；

（4）完善产险行业的基础设施；

（5）提高产险行业服务质量；

（6）接受产险消费者的咨询、投诉并协助解决纠纷。

（二）机构现状

日本财产保险协会的最高管理机构是社员总会。理事会是社会总会的执行机构，理事会选举产生会长、副会长、专务理事、常务理事。

该协会还设立了独立于财产保险协会其他机构的监事和客户顾问团。客户顾问团成立于2006年9月，主要由客户和专家组成，顾问团将客户提出的关于祥和发展重大问题的建议和要求，经过讨论后提交给社员总会，将行业的发展与客户的要求结合起来。

协会设有本部和11个支部，本部下设业务运营部、综合企划部、总务人事部等13个部门，各部门根据工作需要和业务性质，设立具体的工作组（见图10－2）。

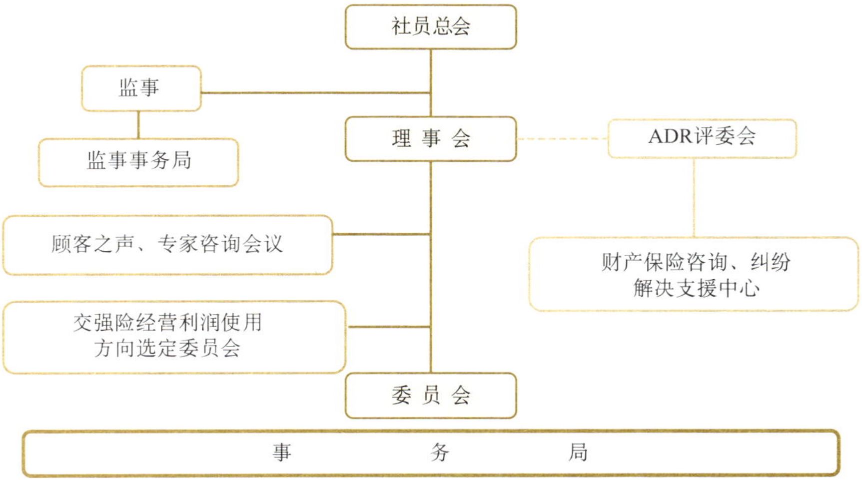

图10－2 日本财产保险协会组织结构图

协会的首要职责是维护行业和会员合法权益。制定行业标准和行业指导性条款，约束不正当行为。开展行业调查研究，参与决策论证，反映行业呼声，提出有利于行业发展的建议。加强对财产保险从业人员的教育和管理。协调协会会员之间的关系，与国内外财产保险业和其他行业进行交流与合作，收集国内外行业信息，反映业内动态，为协会会员公司提供信息交换服务。

其次是为客户提供服务。协调财产保险业与相关行业和社会组织的关系，协调会员公司与客户的关系，为消费者和客户提供信息咨询服务，提供降低风险的设施及多种与保险和风险相关的援助服务。

最后是宣传保险知识，为社会做贡献。日本财产保险协会重视对保险知识的宣传，举办多种宣传活动，提高公众保险意识。开展和赞助多项社会贡献活动，为客户和社会公众服务，树立行业的良好形象，关注社会热点、焦点问题。

（三）主要活动

1. 普及保险知识和防灾安全宣传

日本财产保险协会非常重视对财产保险的宣传，为了促进人们对财产保险的了解，协会编制了各种刊物和手册，主要包括地震保险指南，车保指南，交通事故受害人指南等。还经常在高中举行以学生、家长、教师为对象的讲演会，通过讨论交通事故和损害赔偿，帮助人们理解财产保险的机制和作用。

协会还设立了多个商业车险和交强险咨询中心，以及由专家和法官组成的财产保险仲裁委员会，解决和处理各种问题。并设置了商谈理赔窗口，进行各种财产保险相关的商谈和赔偿处理，为消费者进行服务。此外还设有地震保险仲裁中心，根据地震的级别和损失，处理保险公司没有解决的问题。

在防灾宣传方面，召开防灾座谈会，以及区域性防灾负责人的教育讲座，派遣讲师到大学和高校甚至到幼儿园举行讲座等，进行防灾意识的启发与普及活动。

其中主要致力于交通安全的普及活动。为防止和降低交通事故的发生，协会对交通事故发生原因和损失的相关数据进行研究和分析，还开展广告活动，宣传交通安全，实施防止酒后驾车的普及活动。完善急救医疗体制，对机动车事故受害人进行救济，采取认证残疾的对策，实施合理支付医疗费用等防止机动车事故对策。

另外，协会还利用交强险基金的投资所得，开展降低交通事故频率以及减损等相关业务，如提供防止交通事故的设施，捐赠高级装备的救护车，为交通事故受害者及其家人提供心理治疗，支援急救中心的建立，协助防止酒后驾车等。

2. 应对社会热点问题

为降低机动车被盗的风险，协会组成“防止机动车被盗的官民联合项目组”，实施机动车被盗事故实际情况调查及机动车用户意识调查，进行被盗车辆搜索系统的运营，致力于防止机动车被盗的活动。

为防止欺诈性索赔，协会在多个地区成立了“财产保险犯罪防止委员会”，会员由来自地方的警方人员和财产保险公司代表组成，为协助警方调查，保险公司与警方合作，召开关于防止不当申请的演讲会，并定期举行会议，交换信息，共同致力于防止保险诈骗的活动。

3. 顾客之声·专家咨询会议

协会为了听取广大消费者的心声，并将其反映到行业整体业务运营中，于2006年9月设置了“‘消费者之声’咨询会议”，截至2012年6月共计召开了22次会议，向理事会反映了群众的心声。为了进一步强化该会议的职能，协会于2012年7月将该会改组为“顾客之声·专家咨询会议”。

该咨询会通过各种渠道收到的消费者的声音，讨论行业应该面对的具体课题，向理事会建言献策的同时，应对协会会长的咨询，围绕改善财产保险制度和财产保险行业的健康发展所需必要事项，开展调查和研究。也将消费者和顾问的意见反馈给协会会员公司，帮助会员公司改善与客户的关系。

4. 加强行业自律与行业信息共享

为了使日本的财产行业有良好的发展环境，日本财产保险协会支持与财产保险公司相关的机制运作。协会设立遵从委员会，制定诸如行业行为规范，个人信息保护法指南，反垄断法指南，金融产品销售法指南等行业规范指南，敦促整个财产保险行开展合法合规的经营活动。

为促进整个财产保险市场的健康发展和行业的理性经营，协会经常根据会员公司提供的保险事故理赔数据，进行有关风险研究和调查，为防止灾害和减少损失，提供统计资料。协会为其会员公司提供信息数据的交换平台，通过宣息交流，会员公司可以避免不当的和欺诈性的保险合同，判断和拒绝保险诈骗，确认机动车辆保险合同的无赔款折扣，防止被盗机动车辆的非法出口。

除此之外，协会还进行财产保险公司的总务、会计及财务的相关调查。

5. 其他活动

日本财产保险协会作为财产保险行业的代表，经常组织进行关于财产保险行业的种种课题的研究，提供财产保险的相关信息以及听取多方意见，进行涉及财产保险行业的一般性质法令的调查活动，结合行业所面临的课题，主要就保险监管、税制改革、监管制度改革等方面，向政府监管提出建言。

另外，协会还运营与财产保险相关的保险从业人员的培训及考试制度。

协会提供两种类型的财产保险代理人教育课程和该行业普遍适用的考试，一种是针对拟从事财产保险行业的销售人员，另一种是针对已经从事财产保险产品销售的代理人，考试通过后分别发放“财产保险咨询顾问考试协会证书”及“财产保险代理人专业考试协会证书”。

日本公估人制度也是由日本财产保险协会认定的一种资格制度。另外，该协会还负责管理日本财产保险损失评估师及短期保险代理人的考试。

三、日本自研中心（JKC）

日本的汽车保有量居世界第三，仅次于美国和中国，是一个汽车大国。其中据推测日本大约每年会发生 700 万起交通事故，损失金额约为 17 千亿日元，给车主造成了不小的负担。因此，降低汽车的保养修理费用就成了所有车主的迫切需求。同时也为了实现健全的汽车社会，日本于 1973 年成立了“自动车（机动车）保险培训中心”，后改名为“自研中心（JKC）”。

（一）历史与概况

在自研中心成立之前，日本的汽车修理费用市场并没有一个统一的标准存在，不同区域、不同维修项目之间存在很大的价格差。

随着20世纪70年代汽车的迅速普及，车险事故也频频发生，车辆维修费用开始高居不下。事故车辆修理成本的攀升，也导致赔付率的恶化，转而推动车险保费的上涨，使得汽车消费成本也水涨船高，从而阻碍了汽车社会的健康发展。

因此，保险行业、汽车修理行业和消费者开始呼吁制定统一的维修费用核定标准，提高车险定损效率，规范汽修市场的无序状态。在此背景下，日本主要产险公司于1973年共同出资，建立了"自动车保险培训中心"。

该中心成立之后，于1974年召开第一届技术顾问会议，着手制定标准工时表。

1976年，该中心在参考国外经验的基础上，首次发布了《零部件更换标准作业时间表》。1977年又制作了《补休涂装标准作业时间表》。

1983年改名为"株式会社自研中心（JKC）"。

该中心自创立以来，在产险行业和汽车行业的帮助和配合下，一直致力于受损汽车复原修理费用方面的培训和研究，并根据研究成果向汽车行业提出专业意见和建议。

（二）机构现状

该中心目前主要有合规部、总务企划部、培训部、指数部、技术调查部、技术开发部、客户咨询部。

其中培训部主要负责面向技术定损员和产险公司员工开展各类培训。

指数部主要是对海外工时进行调查研究，制定国产车和进口车相关指数。

技术调查部主要是教育培训研究人才，进行冲撞实验，对防盗性能进行评估，以及对汽车修理费进行估算。

技术开发部则主要是对修理技巧、修理工具进行调查研究。

此外，还有董事及职员约80人，讲师约40人。拥有多处工厂，其中板金工厂7处，喷漆6处，机械工程1处，四轮定位检测仪1台，地盘检测仪1台，车架修正机6台，另有作业观测室3处，障碍测试装置、操作室、观测室等。

该中心主要有以下四大业务领域：

（1）计算修理费用的参考指数业务；

（2）以技术定损员或产险公司员工为主要对象进行各种培训；

（3）研究开发新技术、新素材的修理技巧，开展“修理研发业务”；

（4）研究难破损、易修理的汽车构造，开展“调查研究业务”。

（三）主要活动

第一是计算修理费用的参考指数业务。

为了使修理受损汽车的费用计算更加合理化，该中心计算制定与拆卸、更换零配件、金属板喷漆相关的，用于表示标准作业时间的“指数”。现在，包括国产车和进口车在内，一年内计算制定约40～45种车型的“指数”。此外还将“指数”和与新型车相关的构造调查结果整理汇总成《构造调查系列》期刊，并发行该刊物。读者多为以定损员为主，以及其他与修理受损汽车相关的业内人士。

第二是以技术定损员或产险公司员工为主要对象进行各种培训。其中最主要的是“定损员培训”。

该培训是以定损员为对象进行“基础培训”和“专业培训”。“基础培训”分技能等级（见习、初级、3级、2级），以掌握必要的知识为目的。另外，“专业培训”以掌握专业领域内的基础知识和技能为目的。

该中心还面向财险公司和损失调查公司的员工及律师，开展“职员培训”、“特别培训”。培训目的则是为了使这些人员掌握产险调查业务中所需的汽车的技术基础知识和技能。

另外，还应产险公司及公估公司的个别要求，为其量身定做“订单式培训”计划。

第三是“修理研发业务”，该中心不断提高自身修理技术，对新技术、新素材的修理技巧进行研究。

近几年，出于对地球环境问题的考虑，汽车行业也实施了各种对策。为了节约燃油费，同时减少二氧化碳的排出量，开始尽量追求车体的轻便化。为了达到既减轻重量又提高车身强度的目的，开始采用超强张力钢板，并在部分车型中采用了铝材。

在车体制造时采用激光焊接、铆钉（自动打孔铆钉）等材料加工方法。

车体喷漆方面也在执行 VOC（挥发性有机化合物）排放规定，修复喷涂方面也开始探讨启用正式的水溶性涂料。在欧洲已经开始全面使用法律规定的水溶性涂料。

另外在安全方面，已经研发出安全车辆（ASV）。这种车辆能有效利用先进的电子技术对驾驶者提出警告，并通过制动操作来躲避危险。

第四是研究难破损、易修理的汽车构造，开展“调查研究业务”。

这也是该中心的主要业务。为了降低维修费用，该中心目前正着眼于损伤性（车辆的不易损伤性，Damageability）和修理性（车辆的易修复性，Repairability）的调查研究。将不同生产厂家的不同车型放在同一条件下进行碰撞实验，将试验结果汇总成册，向汽车生产商提出改善建议。

该中心自创立以来就非常重视通过碰撞试验来调查车辆的损伤性和修理性。障碍碰撞试验设备完成于 1988 年 3 月，该室内型设施非常完善，包括固定障碍物及助跑路线等。

通过每年约 130 次的碰撞试验，以损伤性和修理性的研究为主，并在研究性教材的制作、汽车工厂及产险公司的委托试验等广泛的调查研究领域有效使用这些实验结果。

实验用的障碍室纵深 100 米、宽 15 米（部分 25 米），车辆安装加速牵引装置后，可以提高到时速 55 千米的冲击速度。障碍物重量超过 130 吨，车辆即使在碰撞后也丝毫不动，因此冲击能量不被吸收。

实验首先是将车辆放置在开始位置。路线中央设置牵引线洞孔，试验用车连接上洞孔中的牵引线。牵引线由 200HP 的马达拖动，逐渐加速。来到障碍物前时，车辆脱离牵引线，自行冲向障碍物。

另外，在进行撞车试验的同时也着手调查实际发生的交通事故。并将该调查结果应用于国际障碍物碰撞试验标准的研究当中。

四、结语

日本自1988年第一个费率自律协定组织诞生，到1998年市场化改革，废除统一费率，走的是“无序→自律→强制→有理性的市场化”的道路。在这个过程中，财产保险费率厘定会（市场化改革之前的机构）作为中立的第三方机构，自建立半个多世纪以来，为日本产险市场的发展壮大，陀产险行业的健康发展，保护投保人利益等方面都做出了巨大贡献。

但是，随着日本产险市场日趋成熟，所有保险公司都使用相同的费率，也逐步成为制约产品多样化和行业自由竞争的桎梏。为了促进适度的竞争，日本才废除了厘定会费率的使用义务。日本财产保险费率厘定机构虽然还保留了统一的交强险相关业务，但也逐渐弱化为提供参考费率的第三方机构。或许随着产险市场的发展，该机构的角色还会有新的变化，但它依然在日本产险发展史上留下了浓重一笔。

而日本财产保险协会作为日本财产保险行业的代表，在会员单位之间、保险公司与消费者、与其他行业、与政府之间起到了非常重要的桥梁作用。

此外，自研中心的存在，则让日本汽修行业有了统一的工时标准，给车险定损带来了极大的便利，也有利于车险行业和汽车行业的良性发展。

总的来讲，这三大机构在特定的时代背景下应运而生，并随着时代的发展而不断变换角色，现在各自在产品费率的厘定、定损理赔和行业协作方面发挥着巨大的作用，为日本产险行业的发展做出了不菲贡献。